CICIR 中国现代国际关系研究院中青年学者纵论

美国中东军事战略
路径依赖的视角

武星艳◎著

时事出版社
北京

图书在版编目（CIP）数据

美国中东军事战略：路径依赖的视角/武星艳著.—北京：时事出版社，2018.7
ISBN 978-7-5195-0190-7

Ⅰ.①美… Ⅱ.①武… Ⅲ.①国防政策—研究—美国 Ⅳ.①E712.0

中国版本图书馆 CIP 数据核字（2018）第 124623 号

出 版 发 行：时事出版社
地　　　　址：北京市海淀区万寿寺甲 2 号
邮　　　　编：100081
发 行 热 线：（010）88547590　88547591
读者服务部：（010）88547595
传　　　　真：（010）88547592
电 子 邮 箱：shishichubanshe@sina.com
网　　　　址：www.shishishe.com
印　　　　刷：北京朝阳印刷厂有限责任公司

开本：787×1092　1/16　印张：14.25　字数：180 千字
2018 年 7 月第 1 版　2018 年 7 月第 1 次印刷
定价：86.00 元
（如有印装质量问题，请与本社发行部联系调换）

目　　录

绪论 …………………………………………………………（1）
 第一节　选题意义 ……………………………………（1）
 第二节　文献综述 ……………………………………（6）
  一、国家利益论 ………………………………………（6）
  二、决策失误论 ………………………………………（9）
  三、中东政治复杂论 ………………………………（11）
 第三节　研究设计 ……………………………………（13）
  一、问题的提出 ……………………………………（13）
  二、理论框架 ………………………………………（16）
  三、研究方法 ………………………………………（20）
  四、基本概念 ………………………………………（21）
  五、本书结构 ………………………………………（24）
 第四节　创新之处 ……………………………………（27）

第一章　离岸平衡战略时期（1945—1979） …………（29）
 第一节　美苏在中东的竞争 …………………………（29）
  一、美国在中东的国家利益 ………………………（30）
  二、杜鲁门主义的形成 ……………………………（33）
  三、美苏在中东的军售 ……………………………（35）
  四、军事同盟体系的求索 …………………………（37）
 第二节　巴格达条约组织 ……………………………（38）

· 1 ·

一、石油利益之争 …………………………………… (39)
　　二、军事—友好国家政府—石油 …………………… (43)
　　三、中东的政治环境 ………………………………… (45)
　　四、军事同盟组织应运而生 ………………………… (46)
　第三节　美以结盟 ……………………………………… (48)
　　一、美国对以色列的战略定位 ……………………… (48)
　　二、"黑色九月"事件 ……………………………… (50)
　　三、美以同盟的影响 ………………………………… (55)
　小结 ……………………………………………………… (62)

第二章　战略过渡时期（1979—1990） …………… (64)
　第一节　中东地区格局变化 …………………………… (64)
　　一、政治领域 ………………………………………… (65)
　　二、石油领域 ………………………………………… (67)
　第二节　卡特主义 ……………………………………… (70)
　　一、"双支柱"政策的瓦解 ………………………… (70)
　　二、卡特主义的提出 ………………………………… (71)
　　三、中央司令部的成立 ……………………………… (73)
　第三节　黎巴嫩事件 …………………………………… (75)
　　一、里根的战略选择 ………………………………… (75)
　　二、黎巴嫩事件的来龙去脉 ………………………… (80)
　第四节　波斯湾海战 …………………………………… (91)
　　一、两伊战争中美国的立场 ………………………… (91)
　　二、伊朗和伊拉克之间的"油轮战" ……………… (96)
　　三、美伊之间的波斯湾海战 ………………………… (98)
　小结 ……………………………………………………… (105)

目 录

第三章　大规模干预战略时期（1990—2011）……………（107）
第一节　世界新秩序的构想……………………………（107）
　　一、冷战后美国面临的新格局…………………………（108）
　　二、"世界新秩序"的提出………………………………（112）
第二节　海湾战争的决策过程…………………………（114）
　　一、伊拉克入侵科威特…………………………………（114）
　　二、美苏发表联合声明…………………………………（117）
　　三、美国驻军沙特………………………………………（120）
　　四、美国取得行动授权…………………………………（123）
第三节　海湾战争的进程………………………………（128）
　　一、"沙漠风暴"行动……………………………………（128）
　　二、美军在伊拉克的持续军事卷入……………………（134）
第四节　伊拉克战争……………………………………（140）
　　一、美国的全球反恐战争………………………………（141）
　　二、"自由伊拉克行动"…………………………………（144）
　　三、伊拉克战争的重新定位……………………………（149）
小结………………………………………………………（152）

第四章　有限干预战略时期（2011年以来）……………（154）
第一节　美国的国家利益变化…………………………（154）
　　一、能源角度……………………………………………（155）
　　二、中东政治形势………………………………………（158）
第二节　利比亚战争……………………………………（161）
第三节　叙利亚战争……………………………………（164）
第四节　"伊斯兰国"……………………………………（168）
第五节　也门危机………………………………………（174）
第六节　军事合作………………………………………（183）
　　一、军售…………………………………………………（183）

· 3 ·

二、军演 ·· (186)
　　小结 ·· (189)

第五章　路径依赖理论的价值 ····························· (191)
　第一节　对案例的解释力 ·································· (192)
　　一、国家利益石油的解释力 ····························· (192)
　　二、中东政治复杂性的解释力 ··························· (198)
　　三、决策失误论的解释力 ······························· (201)
　第二节　理论价值 ·· (202)

参考文献 ·· (206)

后记 ·· (220)

绪　论

第一节　选题意义

中东地处亚、非、欧三大洲交界处，储藏着丰富的石油和天然气资源，拥有得天独厚的战略地位和无可比拟的能源优势，同时也是犹太教、基督教和伊斯兰教，世界三大一神教的发源地。自古以来，中东（西亚北非）独特的战略区位使之成为"兵家必争之地"，古代的王国、帝国和近代殖民大国"你方唱罢我登场"，攻伐连连。错综复杂的地缘政治、民族、宗教等关系，使得该地区热点问题层出不穷、动乱不断。近代以来，尤其是二战之后，随着石油成为一种战略资源，中东更是成为了国际社会关注的焦点和全球军事斗争的热点地区。

纵观美国在中东军事干预的历史，可以发现美国在中东的介入是一个逐渐展开的过程，介入程度不断加深、介入规模不断扩大。第二次世界大战结束后，美国凭借其在大战中积累起来的政治、经济、军事实力以及有利的国际形势，一跃成为世界头号霸主，并通过制定"遏制苏联、称霸世界"的整体战略，一步步介入中东事务。冷战的大部分时间里，中东是美国同苏联竞争全球霸权的主战场之一。即使如此，美国并没有大规模直接地军事介入中东，没有建立军事基地，没有大规模驻军，没有直接参加中东的战争，而是通过结盟的方式实施离岸平衡政策。1979年伊朗发生伊斯兰革命后，美国中东军事结构中的一根重要支柱垮了。

同年，苏联入侵阿富汗，直接威胁美苏在中东地区的权力平衡。这两件大事让美国在中东地区处于被动不利局面，原有路径正在向"十字路口"推进。1980—1988 年的两伊战争期间，美国支持伊拉克、反对伊朗，不仅向伊拉克输送武器装备，而且还在波斯湾水面上同伊朗发生了直接军事冲突。这是第二次世界大战以来美国首次直接参加中东军事战争，离岸平衡政策的根基在动摇。

1990 年苏联处在解体前夕，已经没有力量同美国在中东展开霸权竞争，伊朗在两伊战争中严重受挫，美国在中东的处境变得乐观起来。冷战将要结束，美国在中东地区取得主导地位，并通过构建新的军事安全框架和机制，不断加强对该地区的有效掌控，主导区内大小事务。在这个历史的关键时刻，伊拉克入侵科威特，美国采取大规模军事干预政策，直接参加中东战争，把伊拉克赶出了科威特。这是美国中东军事战略的转折点，美国在中东的军事战略从离岸平衡转向了大规模干预。此次干预行动中，美国动用 50 多万人的军队参加战争，其规模史无前例。自"9·11"事件起，恐怖主义上升为美国头号"公敌"和全球战略的核心。美国对外奉行"单边主义"和"先发制人"的政策，打击地区敌对国家和势力，以"反恐"为名行"称霸全球"之实。2003 年美国又发动伊拉克战争，动用 10 多万军事力量推翻萨达姆政权，之后深深地卷入了伊拉克内乱。数场战争不仅劳民伤财，而且出现地区"反美主义"强势反弹、恐怖主义"越反越恐"的局面。这也逼迫美国不得不重新考虑其中东战略，特别是军事战略调整。

2011 年美国全部撤出在伊拉克的战斗部队，此举成为美国中东军事战略的又一个转折点，结束了自 1990 年以来的大规模干预战略。同年"阿拉伯之春"爆发，进一步打开了中东的"潘多拉魔盒"。利比亚等国家政权崩溃，埃及、突尼斯等国内社会动乱迅速蔓延，经济下滑或处于崩溃边缘。从"反恐"战争到"阿拉伯之春"运动,地区矛盾、冲突和动乱陈陈相因,彼此叠加,导致地区格局崩塌。面对民族分裂日趋加剧、教派争端快速升级、血腥仇杀接连不断、恐怖主义肆虐横行的"新中东",对地区安全和稳定承担责任的美国将如何应对,引起国际社会的普遍关注。从此之后,美国在中东的直接军事干预变得非常谨慎,以致多数观察家认为奥巴马的中东政策太软弱。

2011年利比亚战争爆发后,美国国防部长盖茨曾表示,美国不会在干预利比亚的军事行动中扮演"领导角色",而会把在利比亚领空实施"禁航区"的"主要责任"交出,由法国、英国或北约扛起指挥权。后来北约接管了对利比亚军事行动的指挥权。在叙利亚内战的问题上,军事干预可以使奥巴马政府摆脱国内对其"在利比亚问题上过于软弱"的批评、安抚盟友、打压俄罗斯、遏制伊朗,维持其在世界上的信誉及领导地位,但美国并没有直接军事干预叙利亚内战。2014年6月贝克尔·巴格达迪宣布在伊拉克和叙利亚建立"伊斯兰国"后,8月在美国总统奥巴马的授权下,美国领导的联军发动打击"伊斯兰国"激进分子的空袭行动,但对派出地面部队一直保持谨慎的态度,直到2015年10月俄罗斯空袭"伊斯兰国"后,美国才派出有限的地面特种部队。

基于战乱动荡连连、地区格局孕育深刻变化的现实,奥巴马政府"无所作为"的中东军事战略受到各界广泛质疑。有人认为利比亚的局势迅速失控的原因很大程度上在于美国和其欧洲盟友"不作为",也有人称美国对叙利亚的有限军事干预是"彻头彻尾的灾难"。前任国务卿希拉里·克林顿则认为,美国部队重回中东打击"伊斯兰国",只能让"伊斯兰国"有更多的袭击目标和更多的招兵机会。因此,当前美国中东军事战略何去何从,其目标、内容、手段和影响不仅已成为各方热议的话题,而且直接影响着中东地区甚至全球的和平与稳定,是一个重大的现实问题。

在学术理论领域，美国中东军事战略也是一个具有重要意义的课题。20世纪80年代美国开始在中东大规模军事介入以来，似乎在每场战争中美国都取得了战场或者战术上的胜利，但是几乎每一场战争都是战略上的失败，至少是带来了严重的战略上的负面影响，其程度远远超出最初的想象。两伊战争中，美国一边倒支持伊拉克，严重削弱伊朗的实力和地区影响，武装起一个强大的伊拉克。结果，两伊战争刚刚结束，伊拉克就入侵科威特，把美国逼入战争的死角，迫使美国打了第一场海湾战争。海湾战争之后，由于伊拉克军队实力、政府控制能力受到削弱，释放了北部的库尔德人势力，库尔德人借机追求自治。为了保护库尔德人免受镇压，美国不得不长期在伊拉克搞"禁飞区"，长期在军事上介入中东。

美国长期对中东进行直接军事干预，引起了阿拉伯伊斯兰极端组织的仇恨。尽管这不是"基地"组织攻击美国的唯一和全部原因，但是至少是原因之一或部分原因。可以说，20世纪90年代美国在中东的大规模军事干预，同2001年美国遭受"基地"组织的攻击之间存在直接因果关系。美国本土受到中东恐怖组织袭击，又引起美国调整中东军事战略，掀起了以反恐为核心的中东军事战争。这其中的内容之一就是推翻伊拉克政府，对伊拉克实施民主改造。然而，民主改造没有成功，却引起了伊拉克内部的教派、民族冲突，使美国陷入了第二次世界大战以来时间最长的对外干预战争。

即使是2011年后，美国在中东实施有限度的、谨慎的局部军事干预战略，也引起了事先没有预料到的负面后果。美国参加利比亚战争，意在建立一个和平、稳定的国家，战后利比亚却陷入内战，"伊斯兰国"借机在利比亚建立了根据地。美国武装叙利亚温和反对派，试图借他们之手推翻巴沙尔政权，削弱伊朗的影响，结果温和反对派没有形成气候，"伊斯兰国"却借机崛起，俄罗斯、伊朗在战争中扩大了自己在中东的影响力。

简单回顾美国中东军事战略的目标和结果，可以看出其本身就像一个魔方，变化莫测，其结果和影响令人意想不到，每一次都挑战美国决策者的想象力。这一极富挑战的议题自然会引起学术界的高度关注。是什么因素构成了美国中东军事战略的这一特性呢？是中东政治本身的复杂性，还是美国决策者的无知呢？是美国国内政治的干预，还是意识形态偏见呢？是人为的、看得到的因素，还是看不见的结构因素呢？进一步说，美国中东军事战略的这些特点，仅仅适用于这一个案例，还是具有普遍意义，可以推广到其他地区和国家呢？这些尚未得到完全解答的理论问题，是学术研究的新领域、新课题，具有相当高的学术价值。

当前国际关系的三大理论——新现实主义、新自由主义和建构主义在研究过程中均可以为解释美国中东军事战略问题提供范式，只是切入的视角各有不同。新现实主义是以古典现实主义为基础，其逻辑是在无政府状态下，国家为了生存和安全争夺权力，在特定的权力结构下，通过相互制衡达到均势。新自由主义则认为，无政府并非必然导致冲突，国家是理性的，国家之间可以建立合理的国际机制来维持稳定，国际制度是决定国际和平与战争的根本因素。建构主义认为国家利益形成源于社会互动，社会认识构成实践，体系结构是由观念性因素构成的。亚历山大·温特的建构主义理论逻辑强调无政府状态本身根本没有什么逻辑可言，一切都要取决于国家之间共有的观念结构，无政府状态是国家造就的。但是，这些抽象的元理论没有办法直接解释"美国中东军事战略特性"这个具体而实在的问题。解释具体问题，必须在元理论的基础上，依赖中层理论，对具体问题进行深入、透彻的分析。

第二节 文献综述

美国中东军事战略既是美国中东战略的核心组成部分，也是美国全球军事战略的重要构件，因而长期以来学术界对美国中东军事战略的研究足以充栋。如果将"美国中东军事战略"的题目缩小到"美国中东军事战略的特性"，即美国中东军事战略为什么"事与愿违"，为什么"越陷越深"，为什么"欲罢不能"，那么文献的数量就会大大下降。本书研究的时间段从第二次世界大战结束到 2017 年 1 月 20 日特朗普就职。对相关研究成果进行初步整理和归类，从原因角度可以分为三大类：一是国家利益论，包括结构现实主义和古典现实主义的视角，认为美国军事陷入中东的主要原因是重大的国家利益，特别是霸权利益和石油利益；二是决策失误论，认为美国国内政策太复杂，决策者陷于国内政治纷争，内政优先，让领导人不能理性决策。三是中东政治复杂论，认为中东政治本身太复杂，变化莫测，不仅是美国领导人没有办法预测，任何人都没有办法预测，西方学术界有一句俚语"中东是预言家的坟墓"，因此美国中东军事战略的失败既不是利益使然，也不是决策失误，而是中东政治本身使然。

一、国家利益论

美国在中东的利益服务于美国的全球利益，美国在中东的军事战略服从于美国的大战略或国家安全战略。美国全球利益和大战略要求，美国作为全球性霸权国家，军事上必须在中东占优势、有所作为，即使要付出卷入过深、代价太大的成本，也在所不惜。美国著名国际关系学家罗伯特·阿特（Robert J. Art）在分析美国的大战略时发现，美国在中东具有重要国家利益，应该加强该地区的前沿军事部署。罗伯特·阿特根据三项原则评估美国国家利益的重要程度：一是保护美国中东利益的收益是什么，美国中东利益未受保护的损失是什么；二是美国实现自己在中东的利益后，其影响是什么；三是如何利用军事力量实现美国在中东的利益。按重要程度划分，美国的国家利益依次是："生死攸关的利益，主要是本土防御；非常重要的利益，包括欧亚大陆大国间的和平、波斯湾石油通道的安全；重要利益，包括石油价格合理，国际经济开放，巩固与扩展民主，尊重人权等。"① 根据这些分类标准，罗伯特·阿特认为波斯湾石油通道安全和石油价格合理是美国在中东的主要利益，可以划到非常重要的利益和重要利益类型里。美国要把军事资源集中在对美国最重要的地区，中东当然是重要地区之一。

更多的学者认为，美国在中东最根本的、最核心的利益就是石油，石油是美国在军事上持续不断卷入中东、陷在中东的根本原因，美国保护波斯湾的通行自由、同大国竞争中东的霸权、保护盟国的利益、促进中东国家的民主与稳定，都是出于石油利益，由石油利益衍生出来的。其中，最具代表性的作品是2012年琼斯（Toby Craig Jones）发表在《美国历史》（Journal of American History）上的《美国、石油和中东的战争》（America, Oil, and War in the Middle East）一文；② 2008年耶金（Daniel Yergin）出版的专著《奖品：对石油、金钱和权力的追逐》（The Prize: The

---

① 罗伯特·阿特著，郭树勇译：《美国大战略》，北京：北京大学出版社，2005年版，第57页。

② Toby Craig Jones, "America, Oil, and War in the Middle East", The Journal of American History, Vol. 99, Issue 1, June 2012, Oxford University Press, pp. 208 – 218.

Epic Quest for Oil, Money, and Power)①；2009 年加德纳（Lloyd C. Gardner）出版的专著《第二次世界大战后美国中东帝国的兴起》（*The Rise of an American Empire in the Middle East after World War II*)②。这些作品认为，尽管不同时期美国中东利益的重点不同，冷战时期对抗苏联是首要目标，2001 年后反恐成为重要任务，但是背后真正重要的利益还是石油。如果没有石油，美国就不会关注中东，当然也不会跟苏联在中东展开角逐，也不会在中东发展和保护盟国，不存在盟国利益的问题，也没必要推动中东的民主化。因此，美国中东军事战略的根本逻辑是石油利益，其他利益都是依附性的，根据具体形势变化的。

国内学者王荣通过分析《美国国家安全战略报告》提出，中东一直在美国全球战略中占有重要地位。美国在中东地区面临的安全挑战是多元的，而且极有可能发展成为地区冲突，威胁到关乎美国核心利益的石油运输，因此美国必须关注中东地区。美国历届政府都视中东为美国的核心利益，都准备用军事手段保护在中东的利益，乔治·赫伯特·沃克·布什（以下称作布什）政府时就已经认识到了这个问题，提出"必须在东地中海、波斯湾和印度洋保持一支海军力量"③。余国庆在分析"阿拉伯之春"运动以来美国的中东战略走向后认为，因为中东石油仍然非常重要，美国不会放弃在中东地区的驻军和军事优势。美国在中东的军事战略仍将以打击极端主义与保护以色列等盟友的安全为重点。美国依然会将大量精力放在确保海湾地

---

① Daniel Yergin, *The Prize: The Epic Quest for Oil, Money, and Power*, New York: Simon & Schuster, 2008, pp. 385 – 386.

② Lloyd C. Gardner, *Three Kings: The Rise of an American Empire in the Middle East after World War II*, New York: The New Press, 2009, pp. 19 – 25.

③ *National Security Strategy of the United States*, Washington D. C.: The White House, March 1990.

区安全、防止弹道导弹与大规模杀伤性武器扩散上。美国对中东军事战略的调整，可能会影响到美国与中东盟友的关系，特别是那些美国派有驻军和建立基地的国家，它们和美国的关系可能面临一定程度的调整。

从国家利益角度看，无论是古典现实主义对权力的理解，还是新现实主义对国际结构的解读，都具有非常强大的解释力。离开石油利益，离开对中东霸权的争夺，离开国际结构的影响，确实很难解释美国长期军事上卷入中东地区的事实。正因如此，半个多世纪以来，现实主义始终是解释美国中东战略的强大理论工具。从1990年的第一次海湾战争、2001年的反恐战争到2003年的伊拉克战争、2011年的利比亚战争，都有相当多的学者从石油利益角度解读。但是，国家利益解释的缺陷也是非常明显的，最大的缺陷就是国家利益是相对静态的，国际结构也是相对静态的，无法对美国中东战略的变化和调整做出合理解释。从第二次世界大战美国介入中东开始，石油利益都是存在的、不变的，如何解释美国中东军事战略三个阶段的变化？冷战结束以来，世界就进入了多极世界，这个结构一直保持到今天，但是美国在中东的军事战略却经历了从大规模干预到有限干预的实质性变化，用权力结构论、石油利益论是没有办法有效解释这一问题的。

二、决策失误论

从美国军事介入中东开始，从来就不缺乏对美国中东政策的批评人士，他们认为决策失误是美国在中东军事战略失败的根源。近年来，这种论述中影响最大的是2016年美国军事史专家麦斯威奇（Andrew J. Macevichi）出版的专著《美国在大中东的战争：军事史》①。作者详尽地分析了美国介入的主要军事斗争，审查战争的进程，归纳美国持久卷入的原因，认为美国在中东越陷越深，从来不汲取教训，关键原因是决策者和军事将领无能、对情况不熟悉。类似的研究成果还包括 2006 年卡瑞皮克（Sheila Carapico）与徒恩生（Chris Toensing）发表在《中东报道》(Middle East Report) 上的《伊拉克错误的战略逻辑》②，2010 年格斯（Gregory F. Gause）出版的专著《波斯湾的国际关系》(The International Relations of the Persian Gulf) ③，这些研究分析了战争决策的过程，认为决策失误的根源是美国国内政治介入，让美国决策者不能理性地追求最佳国家利益，而是把中东军事战略政治化了。

显然，决策失误需要对具体的失败负责，从这个角度分析问题有相当的说服力。每一次战争之后，都有大量研究成果分析战争前、战争过程中的决策问题，往往能找到大量的决策漏洞和缺点。特别是学术界对 2003 年伊拉克战争的决策失误有充分的研究，大量研究成果显示，乔治·沃克·布什（以下称作小布什）政府在决策过程中低估了战争的难度。有的时候，决策者没有认识到战区情况的复杂性；有的时候，决策者没有预测到战争进程的曲折程度；有的时候，决策者没有考虑到战后重建的难度。决策失误对于解释每一场具体的战争失败有较强的解释能力，原因与结果之间的关系非常直接、一目了然。但是，在解释美国中东军事战略的大量失败案例时，决策失误论解释力明显不足。在同

---

① Andrew J. Macevichi, *America's War for the Greater Middle East: A Military History*, New York: Random House, 2016.

② Sheila Carapico and Chris Toensing, "The Strategic Logic of the Iraq Blunder", *Middle East Report*, No. 239, Summer 2006, pp. 6 – 11.

③ Gregory F. Gause, *The International Relations of the Persian Gulf*, New York: Cambridge University Press, 2010, pp. 184 – 197.

一个地区、重复发生多次决策失误不具有说服力，为什么总是中东，为什么总是美国？决策失误论过于强调个案与变化，对于共性的解释没有什么帮助。

三、中东政治复杂论

中东地区格局风云变幻，部分学者以此为因变量，通过中东地区的局势变化来分析美国中东军事战略的失败，可以称之为"中东政治复杂论"。《孙子兵法》云，"故不能尽知用兵之害者，则不能尽知用兵之利也"。因为中东形势太复杂，决策者不可能尽知用兵之害，故决策就会有问题。华盛顿大学国际关系学院乔尔·米格戴尔教授（Joel S. Migdal）认为，第二次世界大战以来中东国家民族主义兴起，埃及、伊拉克、叙利亚等国的地区领导力不断加强，巴以冲突久拖不决，政治形势错综复杂使美国中东政策接连受到严重挑战，是美国中东军事战略受挫的根本原因[1]。伊朗伊斯兰革命后政治伊斯兰势力崛起，伊朗主导的什叶派力量集团从波斯湾扩展到地中海，教派矛盾和权力斗争、意识形态角逐卷在一起，使形势更加扑朔迷离。尽管第二次世界大战以来，美国选择在中东的战略伙伴时存在结构性矛盾，但是美国还是成功地避免了对中东地区事务的大规模直接军事干预。然而，最近三十年来，美国军事力量对中东地区的介入造成毁灭性的结果，其自变量是中东地区格局发生变化，而不是美国。米格戴尔还认为，充分考量地区国家间关系和各国政府与人民之间的关系是美国在中东实现其国家利益的基础，也是奥巴马政府改变在中东厄运的关键。美国战略和国际问题研究中心研究员安德里·科德斯

---

[1] Joel S. Migdal, *Shifting Sands: The United States in the Middle East*, New York: Columbia University Press, 2013, pp. x – xii.

曼（Anthony H. Cordesman）则着重分析了海湾战争结束以来中东的地区冲突，以及美国应对中东地区冲突的军事战略，小布什政府制定了"基础军力"（Base Force）计划，克林顿政府推出"全面审查"（Bottom Up Review）计划[①]。科德斯曼同时详细介绍了海湾战争以来美国与南部海湾国家发展起来的新战略关系，以及美国在中东出售武器和提供军事援助的影响。其结论为，美国中东军事战略的调整原因同中东本地区的政治变化密切相关。

琼·阿特曼（Jon B. Alterman）重点探讨美军在中东采取"联合防御"战略的可能性，以及美国在该地区进行更密切军事合作的限制条件[②]。在阿特曼看来，稳定中东需要美国及其全球盟友和伙伴的持续关注和投入。中东的复杂环境、紧张的政治局势和政策的局限性限制了美国在中东的"联合防御"战略。随着时间的推移，美国需要创造能够增强和补充美军能力的结盟力量，这就需要确定拥有共同安全目标的美国及其盟友的合作领域。首先，美国需要与其盟友建立一个强有力的对话机制，更有效地分担经济压力，更好地利用互补功能，将高层对话制度化。其次，为了构建"联合防御"战略框架，美国应该密切关注那些关乎地区安全合作的重点区域。

中东政治的复杂性抓住了中东政治的一个重大特点，因而在解释美国中东军事战略时有自己的优势。因为形势复杂，所以会产生诸多难以预料的结果，导致美国中东战争的后果往往出人意料。以中东地区格局为出发点，来研究美国在该地区的军事战略具有很强的针对性。现代以来，不论是英法、苏联还是美国，都曾在中东经历过类似的战略失败，中东因此被称为"大国的坟

[①] Anthony H. Cordesman, *U. S. Forces in the Middle East: Resources and Capabilities*, Westview Press, 1997, pp. 18–31.

[②] Jon B. Alterman, *Federated Defense in the Middle East*, CSIS/Rowman & Littlefield, 2015.

墓"。但是,"中东政治复杂论"的缺点是忽视了国家和决策者的学习能力。理论上,如果一个国家认识到中东形势的复杂性,在决策时就会更谨慎、更周全。例如,中国在介入中东事务时就十分小心,原因之一就是中国学习了历史上大国在中东的经验。反观美国,从1990年开始在中东问题的决策中,决策者非常大胆、具有进攻性;从2011年开始,美国决策者又非常谨慎小心。这些变化,"中东政治复杂论"没有办法解释。

从上述分析可以看出,目前学术界存在的"国家利益论""决策失误论"和"中东政治复杂论",对美国中东军事战略的失败均具有非常强的解释力,但是均存在一定的缺陷和空白,不能完全解释所发生的事情。这种情况表明,要对美国中东军事战略作出更好、更全面、更深刻的解释,必须寻找新的理论视角,以补充现有理论解释的不足和缺陷。

第三节 研究设计

一、问题的提出

正如前文所述,对美国中东军事战略的研究固然具有重要的现实意义和理论价值。但是,到目前为止国内外的学术研究已经解决了关于美国中东军事战略的大部分难题,进一步研究这个议题需要提出新的、可行的问题。通过文献回顾可以发现,目前的研究成果通过不同的理论视角,在一些特定的方面解释力非常强,但是在解释美国中东军事战略的问题时仍有明显缺口。

第一,"国家利益论"解释了中东为什么对美国重要,美国为什么在中东屡败屡战,原因就是美国在中东有重要利益,最重要的就是石油利益。只要有重要的利益存在,美国就不可能撤出中东,就需要对中东实施军事干预。"第二次世界大战以来,美国在中东的每一次军事干预，中央情报局的每一个阴谋，都是为了一个目标：大量而廉价的石油。"① 但是，即使美国需要对中东进行干预，干预的方式也是变化的。从二战结束到现在，美国中东军事战略经过三个重要的阶段：离岸平衡战略、大规模干预战略、有限干预战略。"国家利益论"没有办法解释这些变化，因为美国在中东的石油利益并没有发生大的变化。美国的军事战略发生变化，并不是因为美国在中东的战略利益改变了。"美国的国家利益没有变化，美国也不会从中东撤出，美国在中东仍然有大规模的军事存在，甚至还在增加。但是，对于通过军事手段实现自己的战略目标，美国没有信心了。"② 即使美国在中东的石油利益有起伏、有波动，其变化节奏也同美国中东军事战略变化不同步。理论上，根据"国家利益论"，应当是石油利益上升时，美国的军事介入加大，反之亦然。然而，回顾美国中东军事战略变化的轨迹，显然并非如此。

第二，"决策失误论"没有办法解释美国为什么不知错就改。如果说战争从一开始就是一个错误决策，那么从逻辑上讲，一旦决策者发现这是一个错误，就应当以最快的速度停止行动，把损失控制在最小范围内。然而，美国在中东的军事行动却不是这样的行为逻辑。正如美国国防部长盖茨2007年说："当你发现自己陷在坑里时，首先要做的是不要继续挖了；在伊拉克，美国显然是在一个非常深的坑里。"③ 当时，美国不仅没有立即停止军事行动，止跌减损，反而采取大规模增兵行动。2007年1月，小布什

---

① Paul D'Amato, "U. S. Interventions in the Middle East: Blood for Oil", http://isreview.org/issues/15/blood_ for_ oil.shtml. （上网时间：2016年9月2日）

② Dana H. Allin and Steven N. Simon, *Our Separate Ways: The Structure for the Future of the U. S. - Israel Alliance*, New York: Public Affairs, 2016, p. 178.

③ Robert M. Gates, *Duty: Memoirs of a Secretary of War*, New York: Random House, 2014, p. 182.

总统宣布在伊拉克增兵2万人,保护巴格达、安瓦尔省。

第三,"中东形势复杂论"的缺陷同"国家利益论"相似,都是从结构方面来解释政策,解释静态有力,解释动态不力。如果说"中东形势复杂论"有效,"阿拉伯之春"后中东形势进一步复杂,理论上美国在中东的行为应该失误更多、更大。事实是,正是在这一段时期,美国调整中东军事战略,实施有限的干预,行为更谨慎、损失减少。2011年利比亚发生内战,英国、法国等欧洲国家力主国际干预,美国并不热衷这一方案。最终,美国决定不发挥领导作用,只是加入北约主导的军事干预,被戏称为"从后面领导"(Lead from Behind)。战争结束后,美国也没有积极参与战争规划和重建,让自己同利比亚战争保持了适当的距离。2014年夏,伊斯兰主义极端武装(后来宣布成立"伊斯兰国")攻占伊拉克北部城市摩苏尔,奥巴马对伊拉克的"伊斯兰国"发动空袭,加大对伊拉克军队的培训、武装和指导力度。但是,从一开始奥巴马就表示美国不会出动地面部队、不卷入地面战争,美国只用空中力量支援地面上的友好力量,这被称为"战略耐心"(Strategic Patience)[1]。奥巴马上任后参加的这两次中东战争表明,美国在中东的军事战略发生了本质性的变化,大规模干预时代已经结束,有限干预时代已经开始。这种趋势同"中东局势复杂论"的预测正好相反。

由此可见,从现有的三个视角研究美国中东军事战略,还是有个重大问题没有回答,这个问题就是:有的时候,美国知错不改,越陷越深;有的时候,美国知错即改,大幅调整军事战略。为什么会发生这样的情况,在什么样的情况下,美国能够知错就改;又是在什么条件下,美国知错不改,一条道走到黑。这是一

---

[1] National Security Strategy, February 2015, gov/sites/default/files/docs/2015_national_ security_ strategy_ 2. pdf. (上网时间:2016年11月2日)

个新的问题,是本书研究的核心问题。

二、理论框架

本书的核心问题提出来后,需要建立回答问题的初步假设。显而易见,根据现有这些理论视角没有办法有说服力地回答这个问题。什么样的理论视角能够同时较好地回答政策的延续性和突变性呢?通过梳理现有的元理论和中层理论,"路径依赖"理论在这方面的解释能力较强。作为一个中层理论,"路径依赖"理论能够有效补充国际关系三大元理论的不足。

1972 年美国古生物学家爱得瑞格(Eldredge)和谷德(Gould)在研究物种进化问题时明确提出了"路径依赖"(Path Dependence)概念。他们发现,生物进化不是一个渐变的过程,而常常呈现出跳跃式发展的特征,结果具有一定随机性,物种进化路径的机制并非最优选择,偶然的随机突变因素很可能影响物种进化路径[①]。1975 年美国经济史学家戴维(Paul A. David)在其著作《技术选择、创新和经济增长》中首次把路径依赖概念引入社会科学领域,但在当时并没有引起关注。直到 1978 年戴维与谢林(Thomas C. Schelling)创作的《微观动机和宏观行为》问世,这一概念才得到了学术界的广泛关注。1985 年戴维把这一概念运用于技术变迁研究,他认为 QWERTY 键盘之所以成为标准键盘,而且能在市场上占据支配地位,不在于它的实用性有多好,而在于它最早占有市场,并称这种现象为"路径依赖"[②]。技术的

[①] Eldredge, Niles, and Stephen Jay Gould, "Punctuated Equilibria: An Alternative to Phyletic Gradualism", in *Models in Paleobiology*, edited by T. J. M. Schopf, San Frnsico: Cooper and Co, 1972, pp. 82 – 115.

[②] Paul A. David, "Clio and the economics of QWERTY", *American Economic Review*, 1985, 75 (2), pp. 332 – 337.

选择并不直接与效率的高低相关,而是由经济中的报酬递增和偶然事件决定,所以缺乏效率的技术也可能流行。随后,美国圣达菲研究所教授阿瑟(Arthur)系统地发展了路径依赖思想,其研究重点是报酬递增与路径依赖的关系,并指出技术变迁过程具有自我强化和路径依赖的性质。一种技术能否在市场上立足依赖于偶然历史事件造成的锁定效应(lock-in)和因此产生的报酬递增。"技术递增报酬的产生是因为技术演进中的自我强化机制,主要表现为:(1)随着技术的使用,产出增加,固定成本的单位分摊就越小;(2)技术使用过程中所形成的经验和默会知识(tacit knowledge)积累具有收益递增效应,并且技术在被使用的过程中会被不断地改善;(3)一项技术的采用会导致一系列互补性技术和产品的出现,从而产生部门间的合作效应;(4)技术的运用增强了该技术和产品会被更多使用的预期。"[1] 戴维和阿瑟的技术变迁过程中的路径依赖理论,创造性地提出了一个新的研究路径与研究视角,尽管也引起一些学者的争议,但是他们的研究为之后新制度主义中的路径依赖理论研究打下了基础。

20世纪90年代,道格拉斯·诺思(Douglass C. North)首先提出,阿瑟所提出的技术变迁中的路径选择机制同样适用于制度体系,为新制度经济学做出了又一贡献,获得了1993年的诺贝尔经济学奖。诺思通过对西方近代经济史的研究,发现不同的国家有着不同的发展道路,一个国家在经济发展的过程中,制度变迁存在着路径依赖现象。这也就解释了为什么有的国家长期陷入经济落后和制度低效的困境不能自拔。诺思曾经认为,"制度变迁受四种形式的报酬递增制约:(1)制度重新创立时的建设成本(set-up cost);(2)与现存的制度框架和网络外部性以及制度矩

---

[1] Arthur W. B., "Competing Technologies, Increasing Returns and Lock-in by Historical Events", *The Economic Journal*, Vol. 99, 1989, pp. 116 – 131.

阵有关的学习效应（learning effect）；（3）通过合约与其他组织和政治团体在互补活动中的协调效应（coordination effect）；（4）以制度为基础增加的签约由于持久而减少了不确定性的适应性预期（adaptive expectation）。"[1]诺斯所说的话，可以理解为制度之间是相互依赖的，现行的制度取决于过去的制度，也制约着未来的制度。随着研究的不断深入，诺斯认为制度变迁中的路径选择机制除了和技术变迁中一样，存在报酬递增和自我强化机制以外，还明显受到市场中交易因素的影响。诺斯指出，报酬递增和由显著的交易费用所确定的不完全市场，决定了制度变迁的路径。如果不存在报酬递增和不完全市场，制度将变得不那么重要。诺斯还指出，制度变迁中的路径选择机制远比技术变迁中的要复杂得多，行为者的观念以及由此而形成的主观抉择在制度变迁中起着更为关键的作用。

　　诺斯用路径依赖理论成功地解释了制度变迁路径后，这一理论在相关学科得到了广泛关注和应用，政治学也不例外。路径依赖理论对于国家行为体的政治活动过程也具极强的解释力，路径依赖以新的历史观和时间观改变了政治学的解释模式。路径依赖指的是一种制度无论其是否依然有效，一旦形成，都将在一定时间内持续存在并影响其后的制度选择，就好像沿着一条特定的"路径"前行。广义上讲，路径依赖是指"历史上某一时间已经发生的事件将影响其后发生的一系列事件"[2]。狭义上讲，路径依赖是指"一旦一个国家或地区沿一种轨迹开始发展，改变发展道路将会带来成本。尽管存在着其他的道路选择，但已建立的制度

---

[1] 刘汉民："路径依赖理论研究综述"，《经济学动态》，2003年第6期，第65—69页。

[2] Sewell, W. H. "Three Temporalities: Toward an Eventful Sociology", In The Historic Turn in the Human Sciences, ed. Terrance J. McDonald. Ann Arbor: University of Michigan Press, 1996, pp. 262 – 263.

会阻碍对初始选择的改变"①。

首先，政治行为具有路径依赖的典型特征：报酬递增和自我强化。政治是集体性的，需要组织、合作、强制，其建立成本较高。在集体行为中结果与努力之间没有必然联系，如果没有适应性预期的支撑，将无法维持。政治制度的高建立成本、合作效应和适应性预期等因素共同导致了政治行为的报酬递增。此外，政治具有不透明性和复杂性，在政治活动中追求的目标要比经济活动中的目标更复杂，政治活动中的交易成本明显高于经济活动。为了避免承担高成本，无论这种制度是否有效，政治行为者都倾向于维持已有制度并自我强化。

其次，政治过程中观念的转变、政策的调整并不是轻而易举的，这更使自我强化过程不断增强。个体的世界观与价值观的形成是一个漫长的过程，国家的政治文化更是需要长时间的积淀，所以个体观念和政策都很难改变。此外，政策的制订者希望最大限度地保持自己的权利，限制后继者。"为了保护自己，他们使现存的制度难以改变，甚至连他们自己也难以改变。"② 政治的特殊属性，使政策一旦形成便很难从既定的路径中摆脱出来。

根据路径依赖的基本原理，一方面，过去发生的重大外交事件、现有的外交思想和模式会对未来的政策产生重要影响；另一方面，路径的改变不易，但并非不能，只有遇到重大环境突变或者特大挫折时，才会改变路径。因此，对于本书研究的核心问题"有的时候，美国知错不改，越陷越深；有的时候，美国知错即

---

① Levi, Margaret, "A Model, a Method, and a Map: Rational Choice in Comparative and Historical Analysis", In Comparative Politics: Rationality, Culture, and Structure, ed. Mark I. Lichbach and Alan S. Zuckerman. Cambridge University Press, 1997, p. 28.

② 杨龙："路径依赖理论的政治学意义"，《宁波党校学报》，2003年第1期，第38—41页。

改，大幅调整军事战略，原因何在？"来说，路径依赖理论是一个恰当的理论框架。

当然，正如文献综述中所分析的，"国家利益论""决策失误论"和"中东形势复杂论"对美国中东军事战略的性质都有较强的解释力，任何研究这个问题的人都不能忽视这些已有的成果，重起炉灶。本书以路径依赖理论为主理论、主框架，将国家利益、中东形势、决策过程作为影响路径选择的外在因素，这些因素可能加强和固化对原有路径的依赖，也可能决定性地改变对原有路径的依赖。这样就能较好地将现有的研究成果和路径依赖理论的研究成果结合起来。

三、研究方法

本书要回答的核心问题是"有的时候，美国知错不改，越陷越深；有的时候，美国知错即改，大幅调整军事战略，原因何在？"，理论框架是以路径依赖为主，把国家利益、决策过程和中东形势作为外在影响因素。在回答本书的核心问题时，必须采取多案例对比研究方法，只有经过对比，才能确认"在什么样的环境下，美国知错不改，越陷越深；又是在什么样的环境下，美国知错即改，大幅调整军事战略"。

因此，本书先采用多案例纵向对比研究方法。通过对美国中东军事战略的历史分段，可以把第二次世界大战后美国的中东军事战略分为三个阶段："冷战时期的离岸平衡、冷战后的大规模干预、2011年后的有限干预"[1]。这样就可能有三个阶段的案例，对比研究这些案例，何时发生变化，为什么发生变化，变化对未

---

[1] 牛新春："美国中东政策：开启空中干预时代"，《西亚非洲》，2017年第1期，第3—23页。

来的影响是什么。通过对比结果，可以回答本书的部分核心问题。

同时，本书把路径依赖同国家利益、决策进程和中东形势结合起来分析，还必须回答"这四个因素是如何相互影响的，哪个因素在什么样的条件下发挥了重要作用？"，这是一个复杂因果关系问题，需要确定因果机制、因果链，可以通过"过程追踪"的研究方法实施。过程追踪分析法是通过单一案例来评估因果过程的方法，"研究和解释各种初始条件转化为结果的决策过程"[1]。在这种定义下，过程追踪分析法是寻求建立行为体信念对决策影响的过程。过程追踪分析法也被界定为"尝试确定中间因果过程、因果链与因果机制的方法，确定自变量和因变量结果之间因果过程的方法"。其特征是"运用不同类型的证据来证明单一推理，包括不同分析层次的零碎证据"[2]。过程追踪分析法一般被用来研究单一案例，本书要研究多个案例，是在对案体的对比研究基础上，再对每个案例进行过程追踪分析的研究。

四、基本概念

首先，"中东"这个概念本是一个欧洲中心论词汇，意指欧洲以东，介于远东和近东之间的地区。具体是指地中海东部与南部区域，从地中海东部到波斯湾的大片地区。在地理上，中东的范围几乎涵盖整个西亚地区，并包含部分北非地区，也是非洲与欧亚大陆的交界区。由于"中东"一词有狭义和广义之分，因而

---

[1] Alexander George and Timothy McKeown, "Case Studies and Theories of Organizational Decision Making", in Robert Coulam and Richard Smith, eds., *Advances in Information Processing in Organizations*, Vol. 2, Greenwich: JAI Press, 1985, p. 35.

[2] John Gerring, *Case Study Research: Principles and Practices*, New York: Cambridge University Press, 2007, p. 173.

具体指代范围和所含国家并没有定论。本书所指的"中东"既是地理概念，又是政治概念，主要包括传统意义上的中东国家，阿尔及利亚、巴林、埃及、伊朗、伊拉克、以色列、约旦、科威特、黎巴嫩、利比亚、摩洛哥、阿曼、巴勒斯坦、卡塔尔、沙特、叙利亚、突尼斯、土耳其、阿联酋、也门、苏丹、毛里塔尼亚等西亚北非22个国家。

其次是"战略"一词。战略源于战争，随着人们对战争的认识加深而逐步发展。战略原理在中国最早可以追溯到春秋末期孙武所著的《孙子兵法》。在国外，"战略"一词可溯源到古希腊语的"诡计"或"将略"。依照军事战略的传统观念，战略是指运用军事力量以达到政策所确定目标的一种艺术。这是李德哈特在1929年拟定的，与克劳塞维茨的定义并无太大差异。李德哈特的《间接路线》和克劳塞维茨的《战争论》可以称作西方战略领域的"里程碑"之作，其中很多理论观点至今仍为西方尤其是美国的重要战略思想。李德哈特曾说，"近代任何著作专书讨论的人，其所具有的实际经验，从未有比薄富尔将军更渊博的，任何像他这样的高级将领，都不曾对这个主题，写过如此深入的理论研究。"[①] 薄富尔在《战争绪论》中对战略做了如下定义，"一种运用力量的艺术，以使力量对于政策目标的达成可以作最有效的贡献。"[②] 从层次体系来看，政策、总体战略和各领域的全面战略是一个有机统一的整体。它们之间具有上位决定下位，下位对上位又有反作用的关系。一方面，上位的政策决定下位的总体战略，上位的总体战略决定下位的各领域全面战略；另一方面，下位的各领域全面战略对上位的总体战略有反作用，下位的总体战略对

---

① 薄富尔著，钮先钟译：《战略绪论》，内蒙：内蒙古文化出版社，1997年版，第1页。

② 薄富尔著，钮先钟译：《战略绪论》，内蒙：内蒙古文化出版社，1997年版，第7页。

上位的政策有反作用。同时，各领域的全面战略之间也可以通过总体战略彼此影响，比如政治领域的全面战略通过总体战略影响经济、军事等领域的全面战略。"以金字塔为喻，位居顶点的是总体战略，在政府（即最高政治权威）的直接控制下，其任务即为决定总体战争应如何加以指导。此外又应替每一种特殊分项战略指定目标，并决定政治、经济、外交、军事等方面应如何配合协调。"① 军事战略的核心问题是如何以国家现有或可能发展的军事能力与有限资源，达成国家战略所赋予的使命。

本书的研究对象是美国的中东军事战略，因此有必要以美国军方对相关概念的界定为基准。1982年版美军《作战纲要》指出："军事战略旨在运用一国的武装部队，通过武力或武力威胁，去达到国家政策的目的。"② 美国陆军军事学院《军事战略》一书指出，任何战略都可以用"战略＝目的（追求的目标）＋途径（行动方案）＋手段（实现某些目标的工具）"来表达，军事战略也不例外，军事战略＝军事目标＋军事战略方针＋军事实力③。美国参谋长联席会议1995年出版的《联合出版物JP3－0：联合作战条令》给国家军事战略作了如下定义："在平时和战时配置和使用军事力量以达成国家目标的艺术和科学。"④ 随着实践的深入，美国对于战略的认识逐渐清晰化。美国国防部2002年版《军事与相关术语词典》做了如下定义："国家战略（即国家安全战略）是平时和战时为达成国家目标而发展和使用国家的外交、

---

① 薄富尔著，钮先钟译：《战略绪论》，内蒙：内蒙古文化出版社，1997年版，第19页。

② 李植谷主编：《美国军事战略概论》，北京：国防大学出版社，1989年版，第5页。

③ 美国陆军军事学院：《军事战略》，北京：军事科学出版社，1986年版，第4页。

④ 军事科学院世界军事研究部：《美国军事基本情况》，北京：军事科学出版社，2004年版，第89页。

经济和信息力量以及武装力量的艺术和科学。国家军事战略是平时和战时分配和应用军事力量达到国家目标的艺术和科学。战区战略是通过在某一战区内使用武力、威胁使用武力，或不使用武力的行动来制定整体战略概念和行动方案的艺术和科学，旨在实现国家和盟国或临时联合体的安全政策和战略目标。"[①] 本书以《军事与相关术语词典》上的定义为基础展开研究。

五、本书结构

全书由多个案例构成，包括对每个案例的过程追踪分析、案例之间的对比分析和结论。案例之间的对比分析，主要回答在什么样的条件下形成了路径依赖、强化了路径依赖，又是在什么样的条件下，路径被改变、形成新的路径。在美国中东军事战略的历史上，有两次路径改变，形成新的路径；在每一个案例的时间段内，主要是路径依赖，同时也在逐渐积累路径改变的能量，最终量变促成质变，路径改变的力量超过路径依赖的力量。在案例对比研究中，对比的标准有三个：一是最初的路径是什么；二是路径依赖的事件和政策有哪些；三是改变路径的事件和政策有哪些，路径依赖和路径改变这两股力量是如何发展演变的。在每个案例内部要进行过程追踪研究，主要是追踪四个因素的影响：一是美国在中东的国家利益是什么；二是中东政治的形势如何；三是决策过程是什么；四是路径保持依赖还是改变。

由此可见，在过程追踪的研究中，这四个因素包括在案例对比的三个标准中，实际上是每个案例都有六个关注重点，这是本书的内在组织结构。在形式上，本书由五章组成，分别为：

---

① http://www.81.cn/jkhc/2014-01/06/content_5722362.htm.（上网时间：2015年2月6日）

第一章研究冷战前30多年美国在中东的军事战略，这是离岸平衡战略时期。这一时期，美国在中东的核心利益是遏制苏联的势力扩张。二战结束后中东地区民族主义崛起，三大地区强国埃及、伊拉克和叙利亚都与苏联保持较为密切的关系，美国曾多次尝试在中东地区建立类似北约的军事组织，即巴格达条约组织，但并未成功。随着中东石油资源的开发和利用，以及石油资源上升成为战略商品，美苏在中东地区的竞争进一步加剧。这一章从美苏竞争、巴格达条约组织、美以结盟三个角度入手，分析美国在这一阶段中东军事战略的路径。

第二章研究1979年伊朗伊斯兰革命到1990年冷战结束的美国中东军事战略，这是一个过渡时期，从离岸平衡向大规模干预过渡。1979年前后中东发生了三件大事，给美国在该地区的军事战略带来了相当大的冲击，改变路径的力量大大增强。一是伊朗发生伊斯兰革命，美国同伊朗从盟友转变为敌人；二是埃及同苏联拉开距离，同以色列和解，同美国建立合作伙伴关系，增大了美国在中东的活动空间；三是政治伊斯兰势力兴起，对王权国家、世俗专制国家形成严重挑战，美国一些盟友的不安感大增，对美国安全保护的需求上升。可见，1979年对中东而言是一个多事之秋，美国作为中东最重要的外部因素，其战略不可能不受影响。美国在中东正式的直接军事介入就是从这个时候开始的。最初，卡特总统建立了"快速反应部队"，里根时期提升为"中央司令部"，中东正式划入了美国的军事框架中。这一阶段，美国开始建设自己在中东的军事存在，但是对于军事干预仍然十分谨慎。1983年伊朗背后策划了对美国在黎巴嫩海军陆战队军营的袭击，美国表现得相当克制，没有进行军事报复，而是撤回了在黎巴嫩的军队。在两伊战争后期，美国军事卷入的胆子开始大起来。美国在波斯湾水面上同伊朗直接发生军事冲突，这是美国在中东首次亲自参加战争，为下一时期美国的大规模军事干预奠定了基础。

第三章分析冷战结束后至"阿拉伯之春"前美国在中东的军事战略。1991年的海湾战争是美国首次军事上大规模直接干预中东事务。海湾战争中美国使用大量高科技先进武器，发动了"沙漠风暴"空袭行动和"沙漠军刀"地面行动。海湾战争不仅确立了美国在中东地区的主导地位，而且确立了冷战后美国军事战略的发展方向。海湾战争后美国开始在中东地区建立前沿军事存在，并逐渐与中东部分国家的军事关系长期化，触角进一步伸向中东地区。"9·11"事件深刻影响了美国的安全和军事战略，它促使美国迅速将恐怖主义确定为美国面临的最大安全威胁。在"先发制人"战略下，美国发动了伊拉克战争，力图以直接军事存在维护其在中东的利益。伊拉克战争打破了中东地区原有的力量平衡，战后的中东格局面临新一轮重组。

第四章探究"阿拉伯之春"以来奥巴马在中东的军事战略。"阿拉伯之春"以来多国出现政权变更，叙利亚、伊拉克、利比亚和也门等国呈现碎片化态势，前景堪忧。中东地缘版图的重构还出现多中心化趋势，伊朗和沙特两大集团对垒。在"重返亚太"美国战略紧缩的背景下，美国在中东地区还是采取了谨慎的军事战略，避免直接的军事干预。2011年以来的奥巴马政府对中东采取有限干预的军事战略，增加了与中东盟国的军事合作，主要包括军售和军演。美国希望通过与中东盟国的军事合作来加强美国在中东地区利益的安全性。

第五章从路径依赖理论的视角在以上各部分研究的基础之上宏观审视美国在中东的军事战略。从第二次世界大战结束到今天，美国中东军事战略经过了三个大的时期，造成政策延续和转变的变量是什么，这些变量是如何发挥作用的。在国家利益、决策失误、中东形势、路径依赖四个因素中，哪些因素对美国中东军事战略的哪些方面解释力更强，这些因素之间是如何互相影响的。从美国中东军事战略中获得的结论是否具有更大的适用范围，是否可以应用到其他国家的中东军事战略，是否可以应用到美国对其他地区的军事战略。也就是说，路径依赖理论的适用性范围究竟有多大。

第四节 创新之处

冷战结束以来，中东地区是美国军事活动程度最密集、战争最多的地区，自然而然也就吸引了大量的研究者，产生了大量的研究成果。本书通过梳理以往的相关研究，概括出国家利益论、决策失误论和中东形势复杂论三大研究类型，分析了每一类研究的代表作品，指出了每一类研究的优点和缺点。在充分吸收已有研究成果优点的基础上，针对现有研究成果的漏洞和不足，本书找出了一个具有可研究性的新题目：有的时候，美国知错不改，越陷越深；有的时候，美国知错即改，大幅调整军事战略，原因何在？有效地回答这个新问题，可能为美国中东军事战略的研究增加新的知识点，也有助于更透彻理解美国中东军事战略形成、调整的成因、机制、影响和走势。

在理论框架上，本书以路径依赖理论为主要理论框架，把现实主义理论重视的国家利益、自由主义所强调的决策过程和建构主义所提倡的中东政治文化等三大因素融入到路径依赖的分析中，把它们作为影响路径依赖或路径改变的因素。这样，既把变量控制在可控制的范围内，每个案例的变量为四个，分别为国家利益、领导决策、中东政治和路径依赖；又能有足够丰富的变量，尽可能避免忽视重要变量。本书之所以能够把现有研究成果中重视的变量结合到路径依赖理论中，非常重要的原因是路径依赖既可以说是一种理论，也可以说是一种研究思路、研究方法。同现实主义、自由主义、建构主义等国际关系理论不同，它没有自己所强调的唯一重要变量,路径是否变化要依赖其他变量的影响。从这个角度看,本书在理论框架的设计上是一个创新,尽可能多地把重要变量用一种理论框架统合起来,互相之间又不排斥,而是能各自解释问题的某一个方面。

如果本书提出的假设能得到更多案例的验证,将为解释军事战略失败提供一种新的理论视角,即路径依赖的视角。路径依赖的研究诞生于生物学,后来进入社会科学,在国际政治研究领域也有广泛应用。通过路径依赖研究美国对外军事战略,既能验证路径依赖理论的应用范围,也能增加美国对外军事战略的理论丰富程度。

第一章

离岸平衡战略时期
（1945—1979）

中东由于其得天独厚的资源和战略优势，一直以来都是世界大国的博弈场。拿破仑战争以来，中东一直是英国、法国、俄国的必争之地。美国对中东地区的政治和军事介入始于二战之后。冷战时期，美国在欧洲部署了 30 万到 40 万军队；在东北亚，朝鲜战争后大约有 10 万军队，有时甚至超过 20 万；而在中东地区，最多的时候也只有 2.5 万人，而且均不在中东核心地区。20 世纪 70 年代末，美国在中东驻扎的士兵约有 1 万人，大多数在土耳其，其主要任务是遏制苏联，而不是针对中东地区。冷战的前 30 多年，美国在中东的军事存在规模小，直接参与的战争几乎没有，主要依靠结盟、军售、外交调停等手段维护其中东利益，美国的中东军事战略处于离岸平衡时期。

第一节 美苏在中东的竞争

1947 年，美国开启了中东战略新模式。第二次世界大战期间，美苏是共同对付法西斯的盟友。甚至在第二次世界大战结束前后，在对战后世界秩序的安排过程中，美国和苏联仍然试图进行一定程度的合作，共同主导战后国际社会。在罗斯福的战后国际秩序设想中，联合国等主要国际机构由世界大国共同主导，防止大国间再次爆发战争。然而，随着第二次世界大战的结束，美苏之间的矛盾变得不可调和起来。美苏在东欧、东亚、东南亚均建立自己的势力范围，展开激烈的权力争夺，中东也是美苏竞争的战场之一。

一、美国在中东的国家利益

1859年，美国上校德拉克（Edwin Drake）在宾夕法尼亚州首次发现了具有商业价值的石油，石油产业从此诞生。随着石油资源的开发和利用，世界军队进一步机械化。第一次世界大战期间，英国制造了四艘以石油为动力的军舰，随后在陆地战争中开始使用石油驱动的汽车、坦克等机动车辆。确保石油的供应已经成为主要交战国的军事任务之一，在第一次世界大战期间主要交战国共消耗石油1300多万吨。第一次世界大战结束时，英国战争大臣就曾认为"胜利建立在石油之上"。当时，英国的石油80%来自美国，美国是世界上最大的石油生产国，直到19世纪结束时，宾夕法尼亚州还占全球石油产量的一半。如果说第一次世界大战开启了石油的战争时代，那么第二次世界大战就开启了战争的石油时代。第二次世界大战真正使石油成为军队必不可少的物资，机械化战争离不开能源的驱动，石油在第二次世界大战的驱动力大大超过第一次世界大战。例如，在第一次世界大战期间，美国只有60多辆坦克被派到前线，4100多架战斗机飞往欧洲；而在第二次世界大战期间，美国使用了约8万辆坦克、30万架战斗机。1945年，美国每天军事用油约52万桶，占美国全部石油消费的29%。第二次世界大战主要交战国共消耗石油3亿多吨，是第一次世界大战的20多倍。从此之后，石油成为战争的"血液"，石油运输线成为战争的"生命线"。石油再也不是一种普通的商品，而是上升成为涉及国家安全的战略商品。

随着石油在现代战争中重要性的凸显，自 20 世纪初中东发现石油以来，石油就成为大国关注中东的一个重要因素，其地位随着石油在工业、军事上的重要性增加而不断上升。世界已证实石油储量有 1.8 万亿桶，其中 60% 在中东，最多的在沙特。世界石油储量最高的 16 个国家中，一半以上都在中东。世界石油储量参见表 1—1：

表 1—1 世界石油储量

排名	国家	储量（单位：亿桶）
第一	沙特阿拉伯	2626
第二	委内瑞拉	2112
第三	伊朗	1370
第四	伊拉克	1150
第五	科威特	1020
第六	阿拉伯联合酋长国	980
第七	俄罗斯	770
第八	利比亚	460
第九	哈萨克斯坦	400
第十	尼日利亚	370
第十一	加拿大	320
第十二	美国	310
第十三	卡塔尔	260
第十四	中国	150
第十五	巴西	140

资料来源：美国能源信息管理局 EIA。

在第一次世界大战期间，对中东石油的争夺已成为"名副其实的巴别塔，造成各国军队之间前所未有的冲突"①。20 世纪初，对于正在实施大规模工业化、正在成长为全球性超级大国的美国而言，石油对其吸引力更大。20 世纪 30 年代，为美国"加利福尼亚标准石油公司"工作的地质学家在沙特东海岸首次发现具有商业开采价值的石油，从此中东石油便成为了美国石油公司、美国政府热衷追逐的目标。第二次世界大战中，交战国对石油资源、石油运输线的控制，使石油成为涉及国家安全的战略产品。与此同时，美国政府也开始担心未来战争，特别是常规战争中石油的供应问题。时任国防部长的詹姆斯·弗雷斯特尔就预言并强调要建立中东石油霸权："在今后 25 年内，美国将面临石油储藏量的急剧下降。由于石油和一切石油副产品是进行现代战争的基础，我认为，这是政府要考虑的最重要的问题之一。"② 20 世纪 40 年代开始，美国在世界石油生产中的份额开始急剧下降，而中东的份额却大幅上升。第二次世界大战后，美国石油产量已经无法满足实际需要，能源自给的时代结束，开始了从海外进口能源。1950 年，美国石油消费近 10% 依赖于进口，这些进口石油主要来自中东。

当中东石油引起美国关注的同时，这一地区的航线也吸引了美国政府的眼球，在这里有全球最重要的四大海上交通枢纽：连接欧亚的苏伊士运河、从波斯湾到印度洋的要道霍尔木兹海峡、穿越红海到印度洋的曼德海峡、从黑海到地中海的博斯普鲁斯海峡和达达尼尔海峡，还有将地中海分成两个海域的西西里海峡。中东地区扼守着东、西交通要塞，是通往美国的几条主航线的必经之地。对这些海峡的关切，其实也是围绕着石油，全球 40% 的

---

① Eugene Rogan, *The Fall of the Ottomans: The Great War in the Middle East*, New York: Basic, 2015, p. xvii.
② 王丽颖："美沙石油恩仇记"，《国际金融报》，2014 年 12 月 29 日，第 22 版。

石油运输需要经过霍尔木兹海峡。美国石油进口量的95%是通过海运的方式抵达，能够自由地通过这些交通要道自然是数代美国人的理想，而要想拥有航线自由必须与拥有海岸线的国家保持良好关系。

中东的区位优势也是美国中东军事战略的重要考量因素。中东地处欧洲、亚洲、非洲的交界处，囊括或接壤陆上通道——西奈峡谷、高加索、直布罗陀海峡、达达尼尔、巴布·曼德布和霍尔木兹海峡以及海洋通道——地中海、黑海、里海、红海和波斯湾，提供了连接欧亚大陆不同地区的最佳路线。自古以来这里就是东西方文明交流碰撞的十字路口。由于历史的沉淀，这里地缘政治上主要存在四大力量：阿拉伯、伊朗（波斯）、土耳其（突厥）和以色列（犹太），加之伊斯兰教逊尼、什叶两大教派的争执，使得中东地区成为世界广泛关注的热点区域，中东事件的影响可以外溢到非洲、巴尔干半岛、阿富汗和巴基斯坦、高加索和中亚等地区。

二、杜鲁门主义的形成

石油使中东在美国全球战略中的地位凸显出来，与苏联的潜在竞争使中东在美国全球战略中的紧迫性快速上升。第二次世界大战后，中东石油的重要性增强，传统上主导中东事务的英国因力不从心开始撤出中东，苏联借助民族解放运动、社会主义思潮的影响在中东不断扩大影响力，这迫使美国不得不加强对中东地区的关注。这期间的历届美国总统都戴着冷战的眼镜审视中东，认为中东是美苏的博弈场。冷战的极化思维使得美苏两个超级大国的外交政策目标非常单一，就是在不稳定的中东遏制对方。

在战后初期的国际环境中，苏联在意识形态上处于优势地位，反殖民主义、反帝国主义的社会主义思潮深受第三世界国家人民的尊重和喜爱。在南欧和中东地区，共产主义在希腊、土耳其、伊朗等国家快速传播，引起美国的高度警惕。鉴于1947年苏联在东欧的影响甚大，美国总统杜鲁门担心中东会倒向社会主义或加入社会主义阵营。希腊、土耳其的共产主义暴动表明，苏联在动荡的中东扮演着很重要的角色，美国立即决定行动起来遏制苏联。杜鲁门认为，"共产党在希腊内战中的胜利将危及土耳其的政治稳定，并将破坏中东的政治稳定。鉴于该地区对美国国家安全的巨大战略重要性，这是不能允许的。"① 杜鲁门总统开始在中东建立安全联盟，与主要国家开展合作，防止和反击共产主义的渗透，拉开了美苏在中东竞争的序幕。

　　1947年美国国家安全委员会会议决定："东地中海和中东的安全是美国的核心利益，美国必须保护东地中海的安全。"② 1947年3月12日，杜鲁门在美国国会特别联席会议上作了关于援助希腊、土耳其的演说，要求国会向希腊和土耳其提供4亿美元的紧急援助，帮助希腊、土耳其重建经济生活，以抵制极权政体强加于他们的种种侵犯行动，抵制共产主义的扩张。杜鲁门提出的这项政策后来被称为"杜鲁门主义"。杜鲁门主义的核心内容是采取措施帮助东地中海的希腊和土耳其摆脱苏联的影响，防止他们走上共产主义的道路。1950年4月12日，美国第NSC-68号文件的出台标志着杜鲁门主义的正式形成，冷战正式在中东拉开了帷幕。杜鲁门主义是美国对外战略的重大转折点，它与美国当时实行的马歇尔计划共同构成美国对外战略的基础，标志着美苏在二战中同盟关系的结束及冷战的开始，也标志着美国作为战后世界

---

① The Truman Doctrine, 1947, https://history.state.gov/milestones/1945-1952/truman-doctrine.（上网时间：2015年4月7日）

② U. S. Department of State 1947, "*The Pentagon Talks of 1947 between the United States and the United KingdomConcerning the Middle East and the Eastern Mediterranean*", Vol. 5, p. 545.

第一大国的霸主地位的确立。在此后长达 30 多年的时间内，杜鲁门主义一直支配着美国的中东军事战略。毫无疑问，如果说石油是美国介入中东的基础性因素，同苏联的竞争则是美国立即决定军事上卷入中东的直接因素。

三、美苏在中东的军售

在冷战的背景下，美国与苏联的意识形态斗争异常激烈，双方都有称霸全球的野心，都试图扩大自己权力的影响范围。向阿拉伯国家如伊拉克、叙利亚、埃及和也门出售武器是苏联在中东获得政治影响力的途径之一。1952 年，埃及爆发"七月革命"后，纳赛尔采取了一系列维护国家主权和民族利益的重大举措，引起了西方大国的强烈不满，矛盾不断升级，美国、英国、法国停止向埃及出售武器，走投无路的纳赛尔只能向苏联寻求援助。1955 年，华约组织成立，苏联开始通过该组织在中东实施影响力。1955 年 9 月 27 日，华约组织成员国捷克斯洛伐克与埃及签订了军售协议，并承诺为其提供法国向以色列提供的全部武器。这笔由苏联授权的武器交易开始了埃及和苏联的合作，"价值数亿美元的苏制坦克、火炮、飞机、军舰源源运抵埃及"[①]。之后，其他华约组织成员国也开始对埃及和叙利亚进行武器交易。

20 世纪 50 年代初期，美国与英国、法国合作成功地限制了向中东出售武器。随着 1955 年苏联成为中东武器供应商后，情况发生了变化。此外，加之英国撤出在中东数十年来的军事、政治存在，也引起了美国的担忧，害怕中东出现权力真空，引起权力失衡。在杜鲁门主义的支配下，在英国军队撤出的背景下，美国开始帮助当地国家建立自己的军事力量，以维持中东地区的权力

---

① 黄鸿钊：《中东简史》，台北：书林出版有限公司，1996 年版，第 311 页。

平衡。美国为了让更多的中东国家站在反共的立场上，为他们提供了大量的军事援助。1978年以前，伊朗、以色列、沙特是美国武器出售的主要国家。以色列自1962年开始从美国购买武器，直到1973年赎罪日战争之后才获得美国大量的军事援助①。1970年到1979年期间，美国承诺向伊朗销售220亿美元的武器，占伊朗全部武器进口的3/4。从1973年开始的二十年间，美国向沙特出售的武器总价值约850亿美元—860亿美元②。

通过向中东提供先进武器，美国就可以避免在中东进行直接的军事干预，而且可以遏制苏联在中东的影响力，这是美国向中东地区国家军售的最初目的。然而，令美国没有想到的是，在伊朗同美国的军事关系越来越密切的时候，伊朗国王逐渐失去了国内的支持。同时美国对伊朗出售武器，激起了伊朗与伊拉克一场耸人听闻的军备竞赛，为后来的两伊战争、第一次海湾战争埋下了伏笔。针对美国对伊朗的大规模军售，苏联向自己的盟国伊拉克也承诺100亿美元的军售。1975年到1979年伊朗、伊拉克和沙特三个国家的军购占中东地区的56%，占全球的四分之一。"20世纪70年代上半叶，美国在中东的武器销售额每年平均为32亿美元，从1975年到1979年，武器销售额再次增长了近三倍，达到每年平均89亿美元。"③ 到20世纪70年代，美国对中东的军事战略主要就是军售。

---

① "U. S. Foreign Aid to Israel: History & Overview", http://www.jewishvirtuallibrary.org/history-and-overview-of-u-s-foreign-aid-to-israel. （上网时间：2015年10月4日）

② David Ottaway, "The U. S. and Saudi Arabia Since the 1930s", https://www.fpri.org/article/2009/08/the-u-s-and-saudi-arabia-since-the-1930s/. （上网时间：2015年10月6日）

③ Joe Stork, "The Carter Doctrine and US Bases in the Middle East", http://www.merip.org/mer/mer90/carter-doctrine-us-bases-middle-east. （上网时间：2016年12月7日）

四、军事同盟体系的求索

同苏联的竞争注定了美国要在军事上介入中东,但是并没有决定美国军事介入中东的方式和路径。当时美国面临的整体国际环境、此前美国自己参与国际战争的历史经验、中东地区的特定政治特征,则是决定美国军事介入方式的主要变量。同美国在欧洲和亚洲的军事战略不一样,刚刚经历过第二次世界大战的美国绝对不想同苏联发生直接战争,因而采取对苏联的遏制战略。遏制战略的核心是形成针对苏联的同盟,对苏联实施政治、经济和军事围堵,防范苏联采取扩张行为。在欧洲、东亚,美国一方面直接驻军,亲自来遏制苏联,另一方面则是建立军事同盟体系。在欧洲,北大西洋公约组织是美国的主要工具;在亚洲,美日同盟、美韩同盟、东南亚国家条约组织也形成了一个松散的同盟网络。在中东地区,美国从一开始就没有自己驻军遏制苏联的打算。因为美国在欧洲和亚洲的驻军都是第二次世界大战遗留下来的,不是重新部署的,因而对苏联的刺激不大。当时第二次世界大战刚刚结束,如果美国在中东地区大规模建立军事基地、部署军队,必然会引起美苏之间的严重对立,这是美国不希望看到的。因此,美国唯一的选择就是建立军事同盟体系。

然而,与欧洲、亚洲的情况不同,当时中东政治已经展现出一定的复杂性。在如何选择盟国、建立什么样的同盟体系问题上,美国面临严重挑战。中东一直是矛盾冲突频发的地区:石油大国和石油小国、阿拉伯人和犹太人、阿拉伯民族和非阿拉伯民族、统治阶级和被统治阶级、君主制和共和制、国家和民族、世俗和伊斯兰、逊尼派和什叶派、基督徒和穆斯林等的冲突,使得整个地区成为一个难以玩转的魔方。在这个变幻莫测的地方,谁才是可靠的盟友难以辨别,敌人的敌人不一定是朋友,要分清敌我就非常困难。

在杜鲁门时期，美国同所有中东国家直接接触，尽可能在最大范围内形成遏制苏联的同盟体系。艾森豪威尔时期美国认识到，盟友扩大化的战略是不可持续的，而且会威胁到美国的利益，美国不可能四面讨好，必须有所取舍。随后的几届政府也都在盟友问题上举棋不定。在第二次世界大战结束初期，中东还没有"铁幕"，苏联在中东尚没有自己的盟国体系，表面上看起来美国的选择空间很大。实际上，美国也希望与沙特、土耳其、伊朗、伊拉克和埃及等主要中东大国都建立同盟关系。但是在中东，没有永远的敌人，也没有永远的朋友，敌人的敌人也还可能是敌人，一切难以想象。例如，冷战开始时，埃及与西方为盟。1952年"自由军官"革命后，埃及倒向了苏联一边。1979年，埃及又倒向了美国一边。冷战的前30多年，苏联在中东也试图构建自己的同盟体系，特别是在阿拉伯民族主义兴起的埃及、叙利亚、伊拉克。"70年代以来，苏联陆续与一些中东国家，如埃及（1971—1975）、伊拉克（1972—1988）、南也门（1979—1988）等国家签订了具有盟友性质的条约。"① 综上所述，在这一阶段，美国很难同中东所有重要大国建立同盟关系。

第二节　巴格达条约组织

与美国在欧洲、亚洲的同盟关系相比，美国在中东建立的巴格达条约组织非常脆弱、非常松散，甚至出于种种考虑美国自己也没有参加这个军事同盟。巴格达条约组织集中体现了美国在第

---

① 秦亚青：《霸权体系与国际冲突——美国在国际武装冲突中的支持行为（1945-1988）》，上海：上海人民出版社，2008年版，第130页。（所列年份表示条约有效时段）

二次世界大战后处理中东军事事务的思维模式，也典型地反映了中东政治的复杂性。

一、石油利益之争

第二次世界大战结束时，欧洲受战争摧残，又被冷战划分为东西两部分，石油严重依赖进口，其中一半以上的进口来自美国最大的五家石油公司。美国援助欧洲的"马歇尔计划"资金中，10%的资金用来购买石油，这些石油大多数来自美国大石油公司在中东经营的油田。到了20世纪50年代，英国的两家石油公司也从战乱中恢复过来，美国的五家公司加上英国的两家公司，共同被国际上称为石油"七姐妹"（即埃克森、美孚、英国石油、英荷皇家壳牌、德士古、海湾石油和雪佛龙公司），几乎控制了全球石油的生产、运输和销售。

西方国家对石油的控制激起了中东国家的民族主义情绪。最初的爆发点来自伊朗。1951年3月15日伊朗议会通过决议，要求对英国石油公司控制的伊朗石油资产实施国有化，给予英国公司适当的补偿。新当选的伊朗总理穆罕默德·摩萨台（Mohammad Mosaddeq）在1951年4月28日正式上任。5月2日，摩萨台政府宣布实施伊朗石油公司国有化的法案。英国立即做出强烈反应，请求国际法院仲裁它和伊朗之间的石油国有化争端，并派海军军舰开往伊朗附近。同年9月，英国已停止了阿巴丹炼油厂的运作，又禁止出口主要商品到伊朗（包括糖和钢铁），对伊朗实施全面经济制裁，禁止英国油轮运输伊朗石油，冻结了伊朗在英国银行的所有账户。美国石油公司和银行也参加了英国实施的所有经济制裁，使伊朗经济遭受沉重打击，石油收入从1950年的4000万美元，下降到1951年7月的200万美元。期间，摩萨台曾在联合国发表演讲的行程中访问过美国，企图寻求美国的支持。

但是，美国国务院反对石油国有化计划，反而建议把伊朗石油资源的管理权交给英国石油公司，伊朗保留所有权。1953年艾森豪威尔总统上任后，拒绝了摩萨台经济援助的请求，会同国防部长、国务卿和中央情报局局长，试图通过秘密行动颠覆伊朗政权。1953年8月，在英美两国情报机构联手操作下[①]，策划了"阿贾克斯行动"，摩萨台政权垮台。这是美国首次通过准军事行动保护西方国家在中东的石油利益。

在英美两国的扶植下，伊朗政府在巴列维国王的领导下，把近10万平方英里的油田特许经营权交给西方石油公司，其中英国、美国公司各获得40%的份额。"在此后的26年里，巴列维一直是美国在中东最坚定的盟友，伊朗成了美国在冷战中对付苏联的前沿阵地。"[②] 在中东国家反对西方控制的斗争中，伊朗作为先锋失败了。当然，在美英两国当时的认识里，摩萨台是亲苏联的激进分子。因此，石油利益和政治利益交叉在一起，很难分清哪一个是事实，哪一个是掩护。但是，在本书的分析逻辑中，国家利益是作为一个变量存在的，不需要在这两者之间做出明确区分。

与此同时，"七姐妹"之外的其他国际石油公司也开始挑战美英对中东石油的控制。第二次世界大战结束后，意大利异军突起的国有石油公司"意大利石油公司"（ENI），在英美两国的"七姐妹"之外建立了自己强大的经营能力。1955年意大利石油公司进军埃及，同埃及纳赛尔政府所有的"埃及国际石油公司"（IEOC）签署了开发西奈半岛石油的协议，同英美石油公司抢占地盘。更令英美公司难以接受的是，1957年意大利石油公司同伊

---

① "CIA admits role in 1953 Iranian coup", *The Guardian*, August 19, 2013.
② "1953年中情局颠覆伊朗政变：播撒仇恨的种子"，http://www.people.com.cn/BIG5/198221/198819/198847/12425027.html. （上网时间：2015年11月23日）

朗国王签署协议，与伊朗国家石油公司一起成立合资企业SIRIP，共同开发伊朗8800平方英里的油田。"伊朗国家石油公司同意大利石油公司是75%对25%进行利润分成"①，这个条件大大优于英美公司给予伊朗政府的。当时，英美石油公司给予第三世界国家的利润分成是50%对50%，而且英美公司拥有开发炼油等下游产品的特权。不仅如此，意大利石油公司还帮助当地政府建立自己的炼油公司，打破英美公司对石油下游产业的垄断。显然，意大利石油公司的做法是对英美石油霸权的挑战和破坏。1960年10月，意大利石油公司总裁马太（Enrico Mattei）赴莫斯科，同苏联商讨共同开发石油的计划，把苏联石油输送到西欧，这次彻底突破了英美的容忍底线。当时，"意大利可以从苏联手中以1美元/桶的离岸价格买到石油，装运地点是黑海，同样质量的石油在科威特的价格是每桶1.59美元，加上0.69美元的装运成本；1960年初，在美国的价格是2.75美元/桶"②。1962年10月27日，当意大利公司开始向苏联运送修建石油管道的钢铁一个月后，马太在西西里遭遇空难丧生③。关于马太事件一直有各种猜测，与摩萨台事件不同，美国到现在也没有承认中央情报局策划了该事件。

在传统的石油体制中，美国政府对中东当地的石油公司影响力非常大，双方保持密切的合作关系。例如，在沙特的阿美石油公司不仅同美国政府联系频繁，而且美国政府、情报机构人员也

---

① Leonardo Maugeri, *The Age of Oil: The Mythology, History, and Future of the World's Most Controversial Resource*, Westport: Greenwood Publishing Group, 2006, pp. 88 – 89.

② http://www.kanunu8.com/book3/5976/101768.html.（上网时间：2015年11月20日）

③ "Enrico Mattei Dies In Plane Crash（1962）", https://www.youtube.com/watch? v = GOISSnOZrZA.（上网时间：2015年11月23日）

经常出现在阿美公司的工资单上①。美国政府支持这种石油体制，美国石油公司既能获得丰厚利润，又能通过财政影响当地政府，从而实施政治上的控制和影响。1953年，美国中央情报局策划伊朗政变，推翻了通过民主选举上台的摩萨台政府，就是不同意新政府对石油实施国有化，因为国有化既损害美国石油公司的利益，也损害美国政府对伊朗政府的影响力。美国在中东的石油利益不是要中东的石油源源不断地流向美国，而是要保持合理的油价，保护美国全球盟友的利益。

在西方石油公司的控制下，中东石油价格从1949年至1970年一直稳定在1.9美元。在整个20世纪五六十年代，美国都反对阿拉伯民族主义运动，最核心的就是担心石油国有化。1960年9月14日，由伊朗、伊拉克、科威特、沙特和委内瑞拉的代表在巴格达开会讨论，决定联合起来共同对付西方石油公司，维护石油收入，组成了"石油输出国组织"，简称"欧佩克"，试图通过协调产量来控制油价。"欧佩克"成立初期影响力非常有限，但是随着成员国的增加和一些国家开始实施石油国有化，把石油的生产权收归国有，"欧佩克"的重要性开始凸显。

从美国在中东的石油利益视角分析，可以看出第二次世界大战到20世纪70年代是一个具有明显特征的阶段。在这个阶段，美国石油公司的利益和美国政府的国家利益高度统一，石油公司依靠国家政策为自己保驾护航，美国政府把石油公司作为工具，实现自己的战略目标。同时，美国政府、石油公司、中东国家政府三者的利益也高度相关，实际上形成了利益共同体。也就是说，中东国家的政治变化、政权更迭也直接涉及美国的利益。中东国家的民族独立运动，在一定程度上受到共产主义思潮的影

---

① Robert Vitalis, *America's Kingdom: Mythmaking on the Saudi Oil Frontier*, Redwood City: Stanford University Press, 2007, p. 123.

响，天然同苏联比较亲近，是苏联扩展影响力的重要途径。因此，石油利益和遏制苏联的利益在这一阶段也是一致的。

二、军事—友好国家政府—石油

拿破仑战争以来，中东一直是英国、法国、俄国的"囊中之物"。美国并不是最早关注中东石油的国家，也不是最早利用军事力量来获取石油利益的国家。在美国到来之前，其他欧洲国家已经捷足先登。1914年英国派一支远征军在伊拉克的巴士拉登陆，1918年英国军队在伊拉克地方武装的协助下，攻占巴格达，从此伊拉克成为英国在中东投送军事力量的桥头堡[①]。作为老牌帝国主义国家，英国的行事风格也是传统的，直接使用军队和政府来保护自己石油公司的利益。其实，英国在中东地区一直同苏联存在竞争关系，也想在第二次世界大战结束后建立起防范苏联的同盟体系，但是由于英国已经不具备一个世界超级大国的实力，难以承担全面对抗苏联的重任。尽管英国从1947年至1950年一直在助推军事同盟体系的构建，但是并没有取得实质性进展。

20世纪60年代初，中东的安全、军事情形已经出现了变革的端倪，呈现出山雨欲来之势。面对日益困难的形势，老牌帝国主义国家英国先觉察到了这一变化。20世纪60年代初，因为英法等国家在石油领域的残酷压榨，中东国家的政府和人民对帝国主义非常不满。控制中东石油的"七姐妹"，完全操控着中东石油的生产、销售和定价，石油生产国没有任何自主权，所获利润

---

① Noam Chomsky and Edward S. Herman, *The Washington Connection and Third World Fascism: The Political Economy of Human Rights*, Vol. 1, New York: South End Press, 1979, p. 13.

极其微薄。在这种机制下，西方石油公司同母国政府和石油生产国的政府都保持着密切关系。西方国家和中东的石油公司合作，直接掌握着中东石油的命运。石油公司同石油生产国政府之间的关系时有紧张。当地政府同国际石油公司达成了利益分配合同，把石油开采、提炼、运输和销售放手交给石油公司，油田就像传统的土地一样，中东国家政府仅是收取地租的地主。

美国作为一个新兴的帝国主义国家，作为一个中东的新来者，摸索出一条不同于英国的道路，在石油与军事之间寻找到了新的通道。美国没有直接通过战争或者远征军控制油田，也没有通过军队推动当地国家的民主化、自由化。相反，美国利用在中东的友好国家，通过他们来管理当地事务和保护自己的石油利益，美国军事力量的职责是保护友好国家，为它们提供安全保障。简而言之，美国不是在军事与石油之间建立直接关系，而是把军事—友好国家政府—石油联系起来，在军事和石油之间形成了新的关系。这样就能大大减轻美国直接军事干预的压力和必要性。同时，美国作为一个反对传统殖民主义、支持民族自决和民族独立的国家，支持当地政策的做法也符合其意识形态。不仅如此，美国的做法把自己同传统殖民者区别开来，使自己看起来更温和、更现代、更中立，似乎更易获得中东国家和人民的好感。

在第二次世界大战结束前后，美国介入中东的最根本原因是石油。战后美国在中东建立军事同盟体系遏制苏联，石油利益也决定着盟国的选择和同盟体系的形式。1942年美国总统罗斯福的顾问、美国国务院石油事务协调员伊克斯（Harold Ickes）指出，"沙特的石油资源应当从更广阔的国家安全角度看待"，这是美国首次公开将沙特石油同美国国家安全联系在一起①。1945年2月,美国总统罗斯福同沙特国王阿卜杜勒·阿齐兹(Abd al-Aziz)在埃及大苦湖的美国军舰"昆西"号上会面,达成了石油换安全的协议。沙特保证其石油稳定地流向国际市场,美国承诺向沙特提供安全。这是美国在安全、军事上涉入中东的开端,不可否认,石油是最重要的原因。第二次世界大战结束后,美国同沙特正式签署防务合作条约,沙特成为美国在中东的正式盟友。

三、中东的政治环境

从中东政治的视角看,第二次世界大战结束后罗斯福总统面对的中东是1918年奥斯曼帝国彻底沦陷以来经历了近半个世纪的跌宕起伏、由英国和法国以及部落首领统治的地区。罗斯福总统访问中东的时候,这一地区正孕育着深刻的变化,英法在二战中受到重挫,反殖民主义和民族独立运动思想高涨,阿以冲突愈演愈烈,苏联在北部的渗透如火如荼。

两个事件点燃了中东变革的导火索:1948年以色列宣布建国和第一次中东战争、1952年埃及"自由军官"起义推翻君主制成立共和国。1948年后的巴勒斯坦难民问题、以色列生存问题、阿拉伯国家与以色列的对抗、巴勒斯坦的反抗运动都面临着严峻考验,并成为国际性的难题。阿拉伯国家未能抵制以色列建国,唤醒了阿拉伯国家的团结意识。从埃及1952年政变到1958年埃及和叙利亚合并成立阿拉伯联合共和国(简称阿联),阿拉伯民族主义思潮向整个中东地区蔓延。杜鲁门政府将中东事务放在冷战的框架下处理,但是这一地区有自己的权力分配、冲突阵营、合

---

① Marcello De Cecco. "International Financial Markets and U. S. Domestic Policy since 1945", *International Affairs*, Vol. 52, No. 1, London, January 1976.

作轴心。1952年埃及"自由军官"起义后的中东主要有四大特点：（1）民主主义革命兴起，1952年埃及率先推翻了君主制法鲁克王朝、1958年伊拉克推翻了费萨尔王朝、1969年利比亚政变推翻了伊德里斯王朝。（2）埃及、叙利亚、伊拉克逐渐成长为地区强国；（3）以色列和阿拉伯国家的冲突加剧，20世纪40—70年代，以色列和阿拉伯国家间共发生四次中东战争；（4）对于全球范围内冷战云雾下的美苏对抗，中东地区的国家也因立场不同，大体上分为两个阵营。

在这一时期如果有一个国家能够撬动整个中东地区，那就是埃及。埃及的"自由军官"革命和苏伊士运河战争的胜利，极大地鼓舞了中东国家的民族解放运动。埃及总统纳赛尔是阿拉伯民族主义意识形态的先锋，他的思想深深地触动了从波斯湾到西非阿拉伯人民的心灵。埃及通过与其他阿拉伯国家建立盟友关系，来达到扩大政治影响力的目的。埃及是全球不结盟运动的领袖之一，也是美苏冷战的核心国家，经常摇摆于美苏之间。"自由军官"革命后的近30年，埃及秉承着世俗共和制、独立的后殖民主义国家的特性，在"泛阿拉伯主义"倡导者纳赛尔的领导下，全力塑造阿拉伯大统一，决定了当时阿拉伯政治的特点。杜鲁门及其继任者和苏联领导人，在解释中东的思想、联盟、裂痕时都是戴着冷战的眼镜，但是这一地区注定夹杂着更加复杂的地区政治因素，并不完全服从于美苏的全球竞争游戏规则。

四、军事同盟组织应运而生

二战后美国一直试图在中东建立一个类似于北大西洋公约组织的军事组织，遏制苏联势力向中东渗透。杜鲁门执政后期，埃及发生"自由军官"革命，倒向苏联的可能性大大增加，英国因实力衰退萌生退意，美国主导中东军事结构的压力增大。艾森豪

第一章 离岸平衡战略时期（1945—1979）

威尔时期，美国 NSC-162/2 号文件的出台标志着，建立中东军事同盟进程大幅度向前迈进，美国迫切需要战略伙伴来分担外交政策的压力，特别是在反击或至少是在遏制共产主义方面。1953 年 5 月 9 日，艾森豪威尔总统刚执政 4 个月就派国务卿约翰·福斯特·杜勒斯（John Foster Dulles）访问中东，20 天内共访问了 11 个国家。杜勒斯是访问中东的第一位美国国务卿。回国后的杜勒斯在华盛顿发表了重要讲话，他认为阿拉伯国家关注以色列远远超过共产主义，美国倒向以色列会大大损害美国在阿拉伯国家中的形象，阿拉伯民族主义正在兴起，政治变革正在酝酿，阿拉伯世界的不稳定因素在增加。

基于杜勒斯与中东多位元首的会晤，杜勒斯认为美国应该建立一个"北层联盟"（Northern Tier），包括土耳其、伊朗、伊拉克等国家，以此来抵御苏联的扩张。"北层联盟"这一概念在 1954 年得以成形并得到了广泛关注，在之后的 6 年里构想了多个版本。例如，将土耳其作为中东的支柱，将巴基斯坦作为沟通中东和南亚的桥梁。这两个国家分别是北大西洋公约组织（NATO）和东南亚条约组织（SEATO）的成员。"北层联盟"是美国连接欧洲和亚洲盟友的重要纽带，共同抵制苏联。

1954 年土耳其和伊拉克开始就安全协议展开谈判，1955 年 2 月 24 日，土耳其和伊拉克正式签署了《伊拉克和土耳其互助合作公约》，英国、巴基斯坦和伊朗分别于同年 4 月 5 日、9 月 23 日和 11 月 3 日加入该条约，也被称为"巴格达条约"，标志着美国在中东的军事同盟组织建立。巴格达条约一出笼，埃及和沙特首先提出强烈抗议，此后其他阿拉伯国家也先后表态反对该条约。从 1955 年 10 月到 1956 年 5 月，埃及、叙利亚、黎巴嫩、约旦、沙特、也门等国家互相之间分别签订了双边或三边防御协定，实际上组成了一个阿拉伯国家防御同盟，与巴格达条约针锋相对。与此同时，1956 年第二次中东战争之后，英、法在中东势力瓦解，出现了所谓的"力量真空"，艾森豪威尔总统从遏制战略思维出发，于1957年元旦发表政策声明，宣称这一力量真空"必须在俄国人进来之前由美国来填补"。为此，他要求国会批准向中东国家提供2亿美元经济和军事援助，并批准用武力保护中东国家，以确保美国能够填补这一"力量真空"。艾森豪威尔的这一政策举动，也被称为"填补力量真空主义"[1]。面对阿拉伯国家的抗议和填补力量真空的压力，巴格达条约组织的发展可以说是举步维艰。1959年3月，伊拉克总理卡塞姆（Abdul Karim Qassim）决定正式退出后，这一联盟更名为中央条约组织（CENTO）。随着成员国土耳其等接连出现经济危机，以及多个国家出现政治碎片化倾向后，该组织艰难维持到1979年伊朗伊斯兰革命。

第三节 美以结盟

一、美国对以色列的战略定位

从罗斯福总统到杜鲁门总统，巴以问题一直是问题比办法多，犹太人和阿拉伯人之间的矛盾始终是他们关注的重点。冷战时期美国历届政府都认为，巴勒斯坦是美国制定统一的中东政策的雷区，以色列是美国中东战略的资产还是负担还不明确。冷战以来，苏联加强了与中东革命大国的关系，即同发生了阿拉伯民族主义革命的埃及、叙利亚和伊拉克等国家结盟。美国主要与一些君主制的、保守的、军事上较弱的国家，诸如约旦、伊朗和沙特加强合作。在军事同盟体系的求索过程中，美国逐渐意识到，

---

[1] 军事科学院世界军事研究部：《美国军事基本情况》，北京：军事科学出版社，2004年版，第63页。

以色列强大的军事实力可能会为美国在中东获取更多的利益。

1967年第三次中东战争之前，美国政府认为，美国对以色列的支持，不可避免地将阿拉伯国家推向苏联。直到20世纪60年代，美国都没有向以色列提供任何军事援助，美国对以色列的经济援助也是微不足道的。虽然艾森豪威尔与以色列在1956年苏伊士运河危机期间针锋相对，美国用经济制裁和驱逐出联合国向以色列施压要求其无条件停火撤退，"一个未得到联合国许可就攻击并占领他国领土的国家是无权对撤退提出任何前提条件的"[1]，但是以色列军队依然在1956年的苏伊士运河战争中展示出了强大的实力。在艾森豪威尔的第二任期里，美国重新审视当初对以色列的战略定位，此后美国军方开始正视以色列在中东地区的角色。1957年，"以色列第一次被容纳入美国的地区性安全安排"[2]。越来越多的美国人认识到，以色列军队可能是美国在中东地区一支可以依靠的重要力量，能够帮助美国实现自己的地区目标，特别是能够遏制苏联势力向阿拉伯国家渗透。

随着美对以战略定位的重新评估，美国开始逐步调整对以色列的武器政策。"1964年，美国为以色列提供了先进坦克。1966年，提供了先进飞机，美国正在成为以色列最重要的武器来源。"[3] 此外，1967年的第三次中东战争还把美国的犹太人动员起来，他们成为美国国内政治中一支重要的力量，不断游说美国政府支持以色列。1967年的"六日战争"彻底改变了中东的战略格局，也改变了美国对以色列的看法，影响了以色列在美国中东军

---

[1] Seymour Maxwell Finger, *Inside the World of Diplomacy: The U. S. Foreign Service in a Changing World*, Westport: Greenwood Publishing Group, 2002, p.40.

[2] 资中筠：《战后美国外交史——从杜鲁门到里根》上册，北京：世界知识出版社，1994年版，第323页。

[3] Moshe Gat, *Britain and the Conflict in the Middle East, 1964 - 1967: The Coming of the Six-Day War*, Westport: Greenwood Publishing Group, 2003, p.28.

事战略中的定位。战争中，以色列占领了埃及控制的西奈半岛和加沙地带、叙利亚的戈兰高地、约旦管理的约旦河西岸，从此以色列不仅控制着巴勒斯坦全境，还占领着埃及、叙利亚、约旦三个中东主要国家的领土。显然，以色列在整个中东战略格局的重要性和影响力上升，美国偏向以色列的战略利益开始显现。1970年的"黑色九月"事件，更使美国正式视以色列为战略资产，而不是战略负担。从此之后，为了保持同以色列的友好关系，美国愿意在对阿拉伯国家关系上付出代价。以色列的利益成为美国最重要的关切之一，不是因为个别候选人对于以色列的认同，而是绝大多数公众的情感认同，美国普通民众对以色列的认同反映到了国会的对以政策上，国会始终是最亲以的美国政府机构之一。需要强调的是，尽管美国对以色列的情感认同也会消长，美以关系也有波折，但是总的来说美以关系不可撼动。

二、"黑色九月"事件

1967年第三次中东战争后，当中东格局发生重大变化的同时，巴勒斯坦抵抗运动也在酝酿深刻的变革。1967年前巴勒斯坦抵抗运动主要由三部分组成，一是巴勒斯坦游击队的自由战士，他们不断对以色列发动攻击，但对以色列的影响有限；二是支持阿拉伯民族主义的巴勒斯坦人；三是巴勒斯坦解放组织。1967年战争后，自由战士持续向以色列发动攻击，他们的行动更有协调性、组织性。阿拉伯民族主义者变化最大，他们的影响渐渐式微，逐渐退出政治舞台。

巴勒斯坦解放组织成立于1964年6月，是根据第一届阿拉伯国家首脑会议的决议，在阿拉伯联盟的支持下，由几百名巴勒斯坦领导人在耶路撒冷举行第一次巴勒斯坦国民大会上确定组建的。成立以来，巴解组织仅仅是埃及总统纳赛尔"实现自己野心的工具"①。在同以色列做斗争的领域,巴解组织没有取得什么成绩。1969年,阿拉法特成为巴解组织执委会主席后,巴解组织的独立性日益增强,开始同埃及拉开距离。在巴解组织的大框架下,重组分散的巴勒斯坦精英,形成了几支反对以色列的巴勒斯坦力量,包括法塔赫、解放巴勒斯坦人民阵线(the Popular Front for the Liberation of Palestine)、人民民主阵线(the Popular Democratic Front)等数个组织。在巴解组织的章程里,武装斗争是解放巴勒斯坦的唯一途径,其任务是解放以色列控制的巴勒斯坦全境。

法塔赫(巴勒斯坦民族解放运动)建于1959年,由巴勒斯坦爱国青年组建,是巴勒斯坦解放组织中最大的派别。1967年战争后,阿拉法特在约旦河西岸重新改组了法塔赫,并且在几个阿拉伯国家建立了分支机构。"阿拉法特的法塔赫组织使用的战士被称为'敢死队'(Fedayeen),开始攻击以色列。法塔赫的袭击造成巴解组织的地位上升。"② 在约旦的法塔赫和其他阿拉伯抵抗组织,经常越过边境对以色列发动袭击。约旦和以色列之间有很长的边境线,约旦政府和以色列政府很难管控。有段时间,法塔赫和约旦军队曾经肩并肩作战,共同对付以色列对约旦的入侵,约旦国王侯赛因在1968年卡拉梅(Karameh)战役后曾表示"我们是共同的战士"③。后来,法塔赫在战斗中变得强大起来,约旦军队的实力相形见绌,在约旦国内,约旦国王的地位受到冲击,

---

① "沙特和伊朗冲突的历史解释",http://www.cn1n.com/history/coldwar/20160425/527157849.htm. (上网时间:2016年4月30日)

② 陈明传等:《国土安全专论》,台北:五南图书出版股份有限公司,2013年版,第16页。

③ "1968: Karameh and the Palestinian revolt", http://www.telegraph.co.uk/news/1400177/1968-Karameh-and-the-Palestinian-revolt.html. (上网时间:2016年1月21日)

没有能力管控法塔赫，法塔赫日益在约旦成为国中之国，对约旦国王的统治构成严重挑战。法塔赫逐渐在约旦的一些地区建立了自己的统治，他们建立了自己的军队、医疗、税收、安全保障体系①。随着事态的不断发展，法塔赫和约旦国王的矛盾变得日益尖锐起来。

从1969年到1970年，约旦和巴解组织的暴力冲突不断升级。当时，阿拉法特在约旦约有2万名巴解组织战士，约旦国王侯赛因的军队有5万余人。1970年2月，双方的武装冲突导致300多人死亡。1970年5月，巴解组织和约旦军队再次爆发长达两周的武装冲突。1970年6月9日，阿拉法特和约旦政府签署了和解备忘录，"约旦政府允许巴解组织游击队在约旦境内自由行动，同意不采取反游击行动，并表示支持巴解组织对抗以色列的战争。作为回报，巴解组织承诺从安曼等主要城市拆除根基地，从约旦首都撤出武装人员，尊重当地法律，维护社会秩序。"②显然，阿拉法特在冲突中占据了上风，和解备忘录并没有解决冲突的根源，整个夏天，巴解组织和约旦政府的冲突不断扩大。

巴解组织号召约旦全境进行总罢工，还策划了几起针对约旦国王侯赛因的刺杀行动。巴解组织下面的另一支力量"解放巴勒斯坦人民阵线"表现得更为激进，在1969—1970年期间实施了多起暴力事件，他们劫持了瑞士、英国、美国等国家的飞机，袭击以色列使馆，在耶路撒冷超市设置炸弹。1970年9月初，在刺杀约旦国王侯赛因失败后，他们劫持了

---

① Michael C. Hudson, "Developments and Setbacks in the Palestinian Resistance Movement, 1967 – 1971", http：//www.palestine-studies.org/jps/fulltext/38187. （上网时间：2016年2月3日）

② "Jordanian Removal of the PLO", https：//www.globalsecurity.org/military/world/war/jordan-civil.htm. （上网时间：2016年2月8日）

第一章　离岸平衡战略时期（1945—1979）

5架国际航班，索要赎金并将部分飞机炸毁，引起了全球性轰动，激起国际社会的普遍反感。面对岌岌可危的国内政治形势，约旦国王侯赛因凭借国际有利形势和军队规模优势，重组了内阁，更换了军队领导人，准备同巴解组织开战。9月16日，约旦军队已经做好同巴解组织作战的准备，对约旦境内的巴解组织游击队发动攻击，这次战争被巴勒斯坦人称为"黑色九月"事件。到9月底，约旦军队逐渐在战争中取得了主动，在其后的10个月中，双方时战时停，数千名巴勒斯坦人在战争中死亡，巴解组织被迫撤出约旦。

同中东的其他战争一样，"黑色九月"事件也引起了有关各方的高度关注。尼克松政府曾一度威胁，美国要亲自出兵打击"解放巴勒斯坦人民阵线"。9月17日，战争爆发的第二天，伊拉克、叙利亚就发表公开声明，"警告约旦要为持续的军事行动承担后果"[1]。伊拉克、叙利亚将要保卫巴解组织，伊拉克在约旦边界部署了重兵，叙利亚空军随时准备空袭约旦。在整个战争期间，叙利亚、伊拉克入侵约旦的风险始终存在。美国和苏联也深深地卷入了这场战争，巴解组织、叙利亚、伊拉克是苏联的盟友，约旦是美国的盟国。若战争向失控的方向发展，美国和苏联发生直接冲突的可能性不能排除，因此，美苏对局势的发展高度警惕。美国政府相信，约旦事件对美国事关重大，将决定着苏联阵营还是美国阵营控制中东。当时美国正深陷越南战争的泥潭，没有时间、精力和意愿深度卷入中东的战争。因此，美国政府迫切希望，能够在中东地区找到一支可以依靠的代理人军队，帮助美国抵抗苏联势力的扩张。尽管尼克松政府在口头上声称要介入

---

[1] Bradley J. Pierson, "The Power of Presence: Nixon, Israel, and the Black September Crisis", http://www.indiana.edu/~psource/PDF/Archive%20Articles/Fall2013/2013%20-%20Fall%20-%207%20-%20Pierson,%20Bradley%202.pdf. （上网时间：2016年3月9日）

约旦危机,第六舰队也蓄势待发,并向地中海派出了两艘航空母舰和六架 C-130 运输机,但实际上美国不可能从军事上打击伊拉克和叙利亚。一方面,尼克松政府认为约旦政府的垮台对美国是一个外交上的灾难;另一方面,美国更担心约旦危机升级成为地区冲突,把以色列、叙利亚、伊拉克等国家也卷进去,甚至引起美苏的直接对抗。

美国最初担心伊拉克远征军入侵约旦,然而伊拉克于 9 月 17 日把驻扎在边境的 1.2 万人撤回,事实证明这种担心是多余的。9 月 18 日,叙利亚军队却越过了约旦北部边界,同约旦军队直接交火。叙利亚军队很快就占领了约旦城市埃尔比德(Irbid)和拉姆塔(Ramtha),并且切断了约旦军队之间的运输线,约旦的生存岌岌可危。9 月 21 日,约旦国王侯赛因通过美国驻约旦使馆向美国紧急求助。早在 9 月 9 日,基辛格领导的一个国家安全委员会小组就已经得出结论,美国不应直接卷入约旦事件,而应让以色列承担军事责任。基辛格和国务卿罗杰斯收到约旦国王的求救信后,立刻向尼克松报告,要求以色列出兵支持约旦政府。尼克松立刻同意了他们的建议,认为"只有美国或以色列才能阻止伊拉克或叙利亚入侵约旦"[1]。在得到尼克松的授权后,基辛格立刻同以色列驻美国大使拉宾展开了磋商,希望以色列空军承担起驱逐叙利亚军队的任务。以色列倾向于先对约旦境内的叙利亚军队发动地面攻击,在空军打击的掩护下,派坦克进入约旦。以色列向美国承诺,未经美国同意不会采取行动,还向约旦承诺,一旦战争结束就撤出约旦,但是约旦国王侯赛因并不相信以色列,担心以色列军队进入后不会撤离,于是拒绝以色列军队进入约旦,而

---

[1] Richard A. Mobley, "U. S. Joint Military Contributions to Countering Syria's 1970 Invasion of Jordan", Report of National Defense University, Institute for National Strategic Studies, 2009.

主张以色列军队应该袭击叙利亚本土。"叙利亚入侵约旦36小时内，以色列已将军队集结在戈兰高地。"[①] 叙利亚军队经过几天的战斗，在约旦军队的顽强抵抗下，实力已经受损。9月21和22日，经以色列侦察机所获情况分析，三四天内叙利亚军队将面临严重的后勤补给短缺[②]。最终，美国和以色列的计划都没有派上用场，叙利亚得知以色列在集结部队后于9月23日撤出了约旦。以色列在"黑色九月"事件中的出色表现让美国清醒认识到，在美国的所有中东盟国中，只有以色列是能够在关键时候靠得住的一支军事力量。因此，"黑色九月"事件是美国与以色列战略同盟关系的真正开端。在1973年"十月战争"中，美国一改此前的相对中立态度，大规模向以色列空运先进武器，帮助以色列转败为胜，奠定了美以同盟的基石。

三、美以同盟的影响

美国在中东地区的军事部署始于维持美国的生活方式，而美国的生活方式建立在对大量廉价能源的需求上。美国的石油需求参见图1—1：

[①] Richard A. Mobley, "U. S. Joint Military Contributions to Countering Syria's 1970 Invasion of Jordan", Report of National Defense University, Institute for National Strategic Studies, 2009.

[②] Richard A. Mobley, "U. S. Joint Military Contributions to Countering Syria's 1970 Invasion of Jordan", Report of National Defense University, Institute for National Strategic Studies, 2009.

图1—1 美国的石油需求

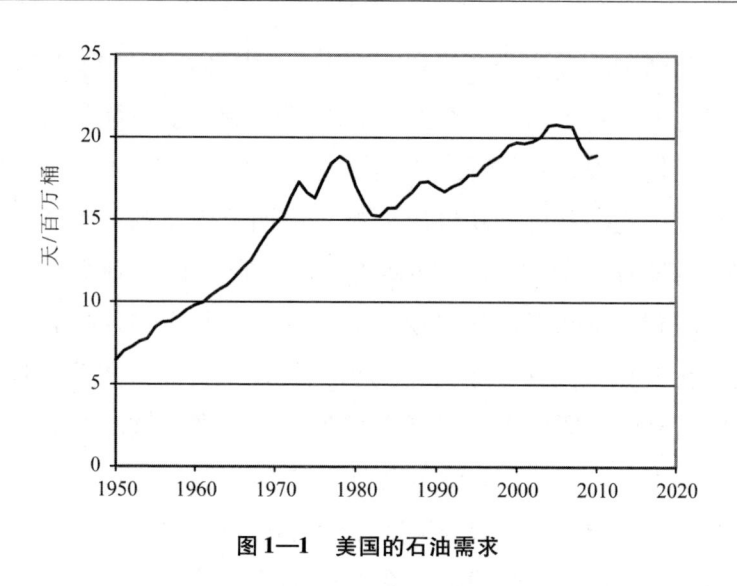

资料来源：EIA, Earth Policy Institute-www.earth-policy.org.

也就是说，美国中东战略的核心是石油。随着形势的不断发展，越来越多的因素开始影响美国的中东军事战略，单单一个石油因素无法有效解释美国中东军事战略的每一次调整。从1970年"黑色九月"事件以来，美国同以色列结成真正的军事同盟。如果从国家利益石油的视角看，美国的举动似乎无法理解、不合情理。因为从石油利益出发，美国应当同阿拉伯产油国结盟，而不是同以色列结盟。

1969年，美国每日的石油消耗量约1500万桶，其中20%来自海外进口。1970年，美国国内石油生产量达到峰值，每天近1200万桶，此后随着得克萨斯州等油田的枯竭，石油产量开始大幅下降，进口比重快速增加。随后的五年中，美国石油进口量几

第一章 离岸平衡战略时期（1945—1979）

乎翻倍，在短短十年内，美国进口石油量已经达到每天800万桶[①]。1973年中东石油生产国的减产，对于中东石油依赖度不断加强的美国可以说是当头一棒，正是因为美国同以色列结成军事同盟，在1973年"十月战争"中美国一边倒支持以色列，才导致1973年阿拉伯国家对美国采取石油禁运，石油价格一夜飙升，击中美国的石油软肋。1973年石油危机后油价变化参见图1—2：

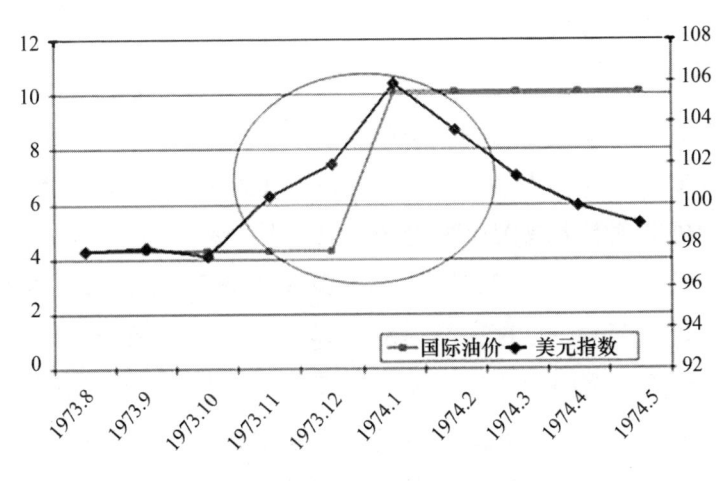

图1—2　1973年石油危机油价变化

资料来源：http://finance.sina.com.cn/money/forex/20080523/13264903858.shtml.

油价上涨导致了通货膨胀，一些商品已经上涨了10%，美国经济处于脆弱的时期。为应对石油危机，尼克松总统于11月7日提出一项能源独立计划，号召国民改变生活方式，如高速公路限速55英里/时，以此来节约能源，这样"到70年代末，美国就能

---

① U. S. Energy Information Administration, "U. S. Field Production of Crude Oil" and "U. S. Imports Of Crude Oil and Petroleum products", http://www.eia.gov/dnav/pet/hist/LeafHandler.（上网时间：2015年3月5日）

不再依赖任何外来能源"①，这一目标显然与工业化的美国不相符。1973年石油禁运事件后，美国还掀起了一场辩论。有些人主张通过军事行动夺取沙特的石油资源，但是这种观点没有得到国防部的认同。当时美国刚从越南战争中撤出，没有任何意愿卷入一场中东战争。尼克松为了摆脱越南战争的重负，呼吁美国的盟国承担更大的责任来保护自己的安全，这是"尼克松主义"的思想体现。在中东地区，"尼克松主义"提出美国自己的军事力量要存在于"地平线之外"（over the horizon），也就是要站得远一点②。整个70年代，美国都没有将中东纳入其军事战略重点。直到卡特当选总统后，美国军事战略的重心排序才发生了变化，中东开始受到重视。从第二次世界大战结束到1979年，美国士兵没有一人在中东的战场上失去生命。

长期以来，在保护"阿拉伯石油生产国"安全和"以色列"安全之间，美国一直存在明显的利益冲突。一方面，中东的主要石油生产国，诸如沙特、伊朗是美国的重要盟国，美国有责任保护它们的安全；另一方面，以色列也是美国的重要盟国，美国也有责任保护其安全。但是，以色列与沙特等阿拉伯国家之间是死敌，因此阿拉伯国家长期以来对美国的亲以政策强烈不满。美国则尽可能小心翼翼地在阿拉伯国家与以色列之间保持一种脆弱的平衡，同以色列保持一定的距离。然而，1970年的"黑色九月"事件改变了这种平衡，美国公开同以色列结成军事同盟，在1973年爆发的阿以战争中美国用实际行动验证了美以同盟的可靠性，打破了这种脆弱平衡。阿拉伯石油生产国则对美国实施石油禁

---

① Richard Nixon, "Address to the Nation About National Energy Policy", November 25, 1973, http://www.presidency.ucsb.edu/ws/? pid = 4051. （上网时间：2016年6月3日）

② Mark J. Gasiorowski, "The 1953 Coup d'Etat in Iran", *International Journal of Middle East Studies*, Vol. 19, Issue 3, August 1987, pp. 261 – 286.

运,在美国有史以来最需要中东石油的时候,美国却选择了以色列,背对阿拉伯产油国。

1973年10月6日,埃及和叙利亚袭击了西奈半岛和戈兰高地的以色列部队。战争初期,埃及、叙利亚军队进展顺利,以色列军队被围困,储备的弹药迅速耗尽。10月9日,以色列国防军对埃及部队的反攻失败后,以色列总理梅厄夫人向美国寻求援助,美国承诺"将马上补齐以色列在战争中损失的飞机和坦克"[1]。美国迅速对以色列展开大规模、直接的武器运送,帮助以色列脱困并反击。"战争开始的十二天里,美国向以色列运输8.25亿美元的物资,包括常规的空对空和空对地导弹、战斗机弹药、坦克、飞机、无线电设备和其他军事装备。"[2] 美国对以色列的支持改变了战局。1973年10月17日,石油输出国组织(Organization of the Petroleum Exporting Countries-OPEC)的阿拉伯成员国,加上叙利亚、突尼斯和埃及将石油作为反击美国的武器,宣布对美国等其他西方国家实施石油禁运。尽管阿拉伯石油生产国提出石油禁运,尼克松总统依然于10月19日向国会提出要求,"向以色列提供22亿美元的紧急援助"[3]。

1973年的石油禁运正逢美元贬值,给美国的经济稳定带来严重挑战。美国对以色列的坚定支持和维护阿拉伯石油生产国的密切关系变成了尖锐的矛盾。欧佩克对出口美国的石油提价70%,

---

[1] Peter Ephross, "Timeline of Yom Kippur War", https://www.jta.org/1998/09/20/life-religion/features/timeline-of-yom-kippur-war. (上网时间:2016年6月5日)

[2] Edmund Ghareeb, "The U. S. Arms Supply to Israel during the October War", http://www.palestine-studies.org/jps/fulltext/38298. (上网时间:2016年6月7日)

[3] Edmund Ghareeb, "The U. S. Arms Supply to Israel during the October War", http://www.palestine-studies.org/jps/fulltext/38298. (上网时间:2016年6月7日)

为了落实石油禁运的决定，减少国际上的石油供应，该组织决定比上个月的产量减少5%，以后逐月减少5%，直到以色列撤离1967年阿以战争中占领的领土。一夜之间，油价大幅上涨，"1973年6月每桶石油3.29美元，石油禁运后价格上调至每桶5.12美元，欧佩克成员国在1974年1月再次提价至每桶11.65美元"[①]。美国成品油价格也相应上涨，由于对短缺的恐慌，加油站外面排起了长队；通货膨胀率高达11%，经济迅速陷入衰退；120万人失业，到1975年失业率已翻倍[②]。以此为契机，欧佩克国家完全获得了对石油产量和油价的控制权。从此，美国直接控制中东石油的历史结束了。从石油利益角度看，美国应当加强同阿拉伯石油生产国的关系，淡化同以色列的关系。这一时期，中东政治格局的复杂性没有明显变化，无法从"中东政治复杂性"的角度解释问题。同时，美以同盟也不可能从"决策失误"的角度解释，如果是一个决策失误，这个政策不可能一直延续到今天。在这种情况下，路径依赖是一个较好的解释角度。

然而，同美国在中东的其他战略一样，美以结盟也产生了令人意想不到的后果。美以结盟直接导致"石油禁运"，理论上"石油禁运"应当引起美国与产油国之间的关系恶化，事实则恰恰相反。"石油禁运"结束后，美国同阿拉伯国家的关系没有受到太大的影响，相反美国同沙特、伊朗的关系反而强化了。因为石油价格大幅上涨，石油生产国手中有了大量的石油美元。美国劝说这些国家把石油美元投资到美国国内，其中一部分用来购买美国武器。武器销售成为20世纪70年代美国中东军事战略的核

---

① Stephen J. Randall FRSC, "The 1970s Arab-OPEC Oil Embargo and Latin America", https://networks.h-net.org/system/files/contributed-files/henergy-s-randall-latin-america-and-1973-oil-crisis.pdf. （上网时间：2016年6月9日）
② William G. Pagonis, *Moving Mountains: Lessons in Military Leadership and Logistics*, Brighton: Harvard Business Press, 1992, p. 12.

心内容。沙特的石油收入从 1973 年的 85 亿美元猛增至 1974 年的 350 亿美元[①]。随着大量石油美元的获得，沙特有能力购买美国的先进武器，"到 1980 年美国向沙特销售的武器共计约 349 亿美元，其中 97% 是 1973 年到 1980 年购买的"[②]。尼克松时期，美国对伊朗的援助达到顶峰，承诺可以向伊朗提供其需要的任何常规武器。伊朗从美国购买武器的价值，参见表 1—2：

表 1—2　伊朗从美国购买武器价值

年份	购买武器金额（单位：美元）
1971	363884000
1972	472611000
1973	2171355000
1974	4325357000
1975	2447140000
1976	1794487000
1977	5713769000
1978	2586890000

资料来源：http://library.cqpress.com/cqresearcher/document.php?id=cqresrre1979050400.

美国通过向伊朗出售先进武器，使其成为美国在中东的重要代理人之一。尼克松对伊朗政策的直接后果是，美国对伊朗的武器出售快速上升。1950—1972 年间，美国向伊朗出口了价值约 15

[①] David Ottaway, "The U.S. and Saudi Arabia Since the 1930s", https://www.fpri.org/article/2009/08/the-u-s-and-saudi-arabia-since-the-1930s/. （上网时间：2015 年 10 月 6 日）

[②] Glenn P. Hastedt, *Encyclopedia of American Foreign Policy*, New York: Facts on File, Inc. 2004, p.433.

亿美元的武器，但这些武器大部分是美国向伊朗无偿提供的。从1973年开始，伊朗开始有偿购买美国武器。仅1973年一年，美国和伊朗就达成了价值超过20亿美元的武器购买合同。在之后的6年里，伊朗向美国购买了190亿美元的武器。美国甚至同意向伊朗提供核反应堆，发展民用核能。随着美国向伊朗武器出售量的急剧增加，美国派往伊朗的人数也在增多。到1978年，"美国在伊朗的军事人员共有1122人，另外，还有4万名美国公民在伊朗的美国国防公司工作"[①]。一些人开始担心，美国大量的武器出售可能会引发中东地区的军备竞赛。

这一时期美国政府在中东采取"双支柱"政策，这两根支柱就是伊朗和沙特，美国特别重视伊朗和沙特两大盟国的作用。美国武装中东盟国，本想通过军售加强盟国的军事实力，让他们有能力自保，以减轻美国直接干预的风险和压力。但是，这一政策却加剧了中东的动荡和暴力活动，美国卷入的风险和压力反而上升。中东的君主制国家获取大量武器装备后，彼此的竞争加剧，对外关系中的军事威胁手段越来越突出。

小　结

第二次世界大战结束后，冷战在欧洲、亚洲拉开了帷幕，随着石油重要性的凸显，中东也成为了美苏冷战的战场。1947年"杜鲁门主义"的提出标志着美国对中东的军事卷入正式开始。"尼克松主义"进一步表明，这一时期美国在中东的军事战略是所谓"离岸平衡"。美国根据当时的国际环境、此前参与国际战争的历史经验、中东地区的政治特点制定了一条有别于老牌帝国

[①] Michael C. Jensen, "Retired Generals Employed by Northrop in Various Jobs", *The New York Times*, June 26, 1975.

第一章 离岸平衡战略时期（1945—1979）

主义英国的道路，即军事—友好国家政府—石油道路。美国在中东不断探索自己的军事同盟体系，"巴格达条约组织"集中体现了美国在第二次世界大战后处理中东军事事务的思维。冷战的前30多年，美国维持中东地区离岸平衡军事战略主要依托"双支柱"：伊朗和沙特。为了增强"双支柱"的军事实力，美国向这两个国家出售了大量的武器，但也埋下了中东地区军事竞赛的种子。

第三次中东战争之前，美国对以色列的战略定位尚未清晰，一直以来都未对以色列提供军事援助。1970年"黑色九月"事件后，美国重新审视了以色列，将其定位为美国的战略资产，建立起了与以色列的军事同盟关系。1973年石油危机给对中东石油依赖不断加强的美国以沉重的打击。但是，美国并没有转向阿拉伯国家，而是保持了与以色列的军事同盟关系。美以同盟从"国家利益""决策失误""中东形势复杂"的角度都无法解释。如果是为了石油利益，美国将加强与中东的石油大国的军事关系；如果是一个决策失误，这个政策不可能一直延续到今天；如果是中东形势复杂，美国应该根据变化的形势调整与以色列的军事同盟关系。在这种情况下，路径依赖是一个较好的解释角度。"黑色九月"事件以来确立的美以同盟关系主导了美国的路径选择，尽管美以双方也存在利益冲突、矛盾分歧，但是美以同盟的路径没有改变。

第二章

战略过渡时期
(1979—1990)

20世纪70年代后期，中东国家普遍酝酿着大变革。第二次世界大战以来兴起的世俗主义的现代化进程遭遇挫折，各国国内都存在着程度不同的政治危机。政治伊斯兰势力借势兴起，探索伊斯兰政治现代化的新道路，伊朗伊斯兰革命成功开创了政治伊斯兰执政的先例。伊朗一夜之间从美国的盟友变成敌人，埃及则从苏联的支持者变成美国的盟友，美国在中东的军事盟友体系发生重大调整。在1983年发生的黎巴嫩事件中，美国仍然坚持离岸平衡战略，没有直接军事卷入黎巴嫩。然而到了1980—1988年的伊朗—伊拉克战争后期，美国则直接卷入战争，发动针对伊朗的波斯湾海战。尽管波斯湾海战是有限战争，美国没有出动地面部队，而且战争的时间和规模都比较小，但是美军的直接干预预示着美国中东军事战略更大、更实质、更深刻的调整。

第一节 中东地区格局变化

1979年对中东来说是不同寻常的一年，伊斯兰革命、埃以和约签订、萨达姆上台等一系列事件横向上改变了整个中东地区乃至世界的地缘政治格局，纵向上改变了中东的历史走向。

第二章 战略过渡时期（1979—1990）

一、政治领域

在政治领域，1979年的两个关键性事件触发了中东地区政治结构转型：以色列和埃及签订和平协议、伊朗的伊斯兰革命。在1973年的中东战争中，以埃及为首的阿拉伯国家再次失败，埃及作为阿拉伯国家领袖的时代正式划上了句号。战争结束后，埃及在外交上快速转向，开始同以色列谈判。埃及和以色列最终于1979年3月26日在美国戴维营会谈成果《关于签订一项埃及同以色列之间的和平条约的纲要》的基础上，由萨达特和贝京在华盛顿签署了双边和平协议。埃以和平协议的签署意味着，埃及已经放弃了纳赛尔时期的民族主义之梦，泛阿拉伯主义的理念已破碎。这是以色列同阿拉伯国家签署的第一个和平协议，而且是同阿拉伯国家中的大国签署的和平协议，因而具有重要的现实意义和象征价值，为以色列打开了积极外交之门。当然，美国也是和平协议的受益者。美国是协议的重要推动者，协议是在美国卡特总统的见证下，在美国华盛顿签署的，也是美国外交的一项重大胜利。更重要的是，美国首次把埃及和以色列都拉入自己的同盟体系。没有埃及的参与，苏联同美国在中东竞争的实力大大下降，美国保持中东离岸平衡，并逐渐成为这一地区唯一的重要域外力量。

1978—1979年间，伊朗国内爆发革命，经过18个月的大规模示威游行和全方面罢工，伊斯兰革命取得胜利，迫使国王巴列维于1979年1月16日逃往埃及，伊朗2500多年的君主制也随之瓦解。这是"伊斯兰教第一次在政治上取得成功；在冷战背景下，伊朗第一次站在了反美立场上；第一次使伊斯兰教成为反对君主制的动员力量,也是伊斯兰共和主义的基础"①。在革命中政治伊斯兰力量崛起,霍梅尼通过公投于 1979 年 4 月 1 日建立了伊斯兰教什叶派政教合一的伊朗伊斯兰共和国。霍梅尼不仅对伊朗的政治革命感兴趣,他还是一个具有野心的宗教人士,想把伊朗政教合一的体制传播到其他穆斯林国家。伊朗的革命改变了中东地区原有的战略关系,也彻底解散了中央条约组织。伊朗革命是整个中东变革的前奏,当时已经统治中东近 30 年的世俗共和国均面临危机,伊朗给这些国家的治理提供了一种新的模式。伊朗证明复兴了的伊斯兰教可以成为现代中东国家的执政基础。政治伊斯兰号召纯净个人宗教实践、重建外部环境、建立以伊斯兰教为律法的政府。虽然霍梅尼的神学统治是以什叶派教义为基础的,但是政治伊斯兰也是逊尼派的目标,政治伊斯兰已经取代阿拉伯民族主义在意识形态中的主导地位,深深地震撼着中东地区的穆斯林。

伊斯兰革命后的伊朗"已经有了地区影响力和实力,作为一个独立于东西方意识形态的国家,任何中东问题都需要将其考虑在内"②。1980—1988 年,伊朗与伊拉克的战争延缓了伊朗崛起的步伐,阻碍了伊朗取代埃及成为地区主导力量的进程。在伊朗崛起的同时,中东的两个非阿拉伯国家土耳其和以色列也同步壮大。长期处于弱势的什叶派在伊朗精神的感召和物资的支持下,地位有所提升。政治伊斯兰的意识形态成为了这一地区的主流思想。如果说 20 世纪 80 年代前中东的支点是埃及和阿拉伯民族主义,那么这一时期就是伊朗和政治伊斯兰。1979 年的伊朗革命给

---

① "Impact of Iranian Revolution on Islam", http://theriskyshift.com/2012/02/essay-impact-of-iranian-revolution-on-html/.(上网时间:2015 年 10 月 7 日)

② D. Parvaz, "Iran 1979: the Islamic revolution that shook the world", http://www.aljazeera.com/indepth/features/2014/01/iran-1979-revolution-shook-world-20141211134227652609.html.(上网时间:2015 年 10 月 7 日)

中东地区带来了深刻的变革,当时的中东主要有四大特点:(1)伊朗领导的联盟跨越从波斯湾到地中海的整个中东地区,某种程度上可以被定义为反美联盟;(2)政治伊斯兰影响着整个地区的政权存亡,一些国家的政府主动采取措施,化解其威胁;(3)以色列和阿拉伯国家的长期对抗,范围缩小到巴勒斯坦、叙利亚、黎巴嫩真主党;(4)美国逐渐成为这一地区最为重要的域外力量,在中东地区的帝国主义情结上升。

二、石油领域

在石油问题上,1980年国际石油供求结构发生了较大变化。1973年的石油禁运改变了西方国家对石油安全的看法,也导致了西方石油公司的战略转移。石油禁运显示了中东石油生产国对国际石油市场的影响力,短时期内提高了中东国家在国际政治结构中的话语权。20世纪70年代石油价格上涨,与美国石油开始大规模依赖进口,几乎同时发生,一时间中东对美国的极端重要性凸显。然而,经过一段时间的调整后,石油格局又发生了逆转。随着中东多数阿拉伯石油生产国将石油资源和生产设施国有化,由国家控制石油的生产、运输和销售,西方石油公司的利润大大下降。西方石油公司在短短10年时间里完成了战略大转移,大举进军美国、加拿大、墨西哥、挪威和阿拉斯加等战略上安全的地区开采石油,引起了国际石油格局的大变化。

1973年石油禁运彰显了"欧佩克"的重要性和石油武器的威力,但是随着国际石油格局的调整,其结果却是"欧佩克"在国际石油市场上影响力和话语权的下降。1973年"欧佩克"在国际石油市场上所占份额是56%，到1985年已经下降到30%[①]。一直到今天，"欧佩克"的份额仍然在30%左右，再也没有回到20世纪70年代的巅峰时刻。1973年后，"欧佩克"一直通过控制产量来维持高油价，但是影响力已经大不如前，成员国为了获得石油收益也存在私自增产行为，加之战争的因素也极大地影响了"欧佩克"的市场份额。"1978年，伊朗石油生产力为5.2万桶/日，伊斯兰革命后的两年内，伊朗的石油产量下降到3.5万桶/日，下降了68%"[②]。1980年，伊拉克入侵伊朗，长达八年的战争严重损害了两国的石油生产力。这为非"欧佩克"国家的石油生产提供了空间，"1973年非'欧佩克'国家石油生产量为24.67万桶/日，到了1988年已上升至38万桶/日，增幅达54%"[③]，石油市场已经进入了多极化格局时代。从20世纪80年代开始石油价格经历了多次大跳水，国际原油价格走势参见图2—1。

中东石油主导全球市场的时代已经结束了，但是中东石油始终是石油多极世界中重要的一极，其重要性处在不断变化中。

到1985年年底，近三年来，石油价格稳定在历史最高水平，"欧佩克"成员进一步实施石油配额生产来提高油价，但成员国沙特为了抢占市场份额放弃了配额生产，非"欧佩克"产区则不断加大石油产量增加收益，最终石油生产量超过了需求量。"20世纪80年代较70年代，世界石油产量增长了107%，1980年至

---

① Michael Renner, "Stabilizing the World Oil Market", *Opec Review*, Vol. 12, Issue 1, March 1988, pp. 49 – 72.

② David Yager, "Why Today's Oil Bust Pales In Comparison To The 80's", http://oilprice.com/Energy/Energy-General/Why-Todays-Oil-Bust-Pales-In-Comparison-To-The-80s.html.（上网时间：2015年10月8日）

③ David Yager, "Why Today's Oil Bust Pales In Comparison To The 80's", http://oilprice.com/Energy/Energy-General/Why-Todays-Oil-Bust-Pales-In-Comparison-To-The-80s.html.（上网时间：2015年10月8日）

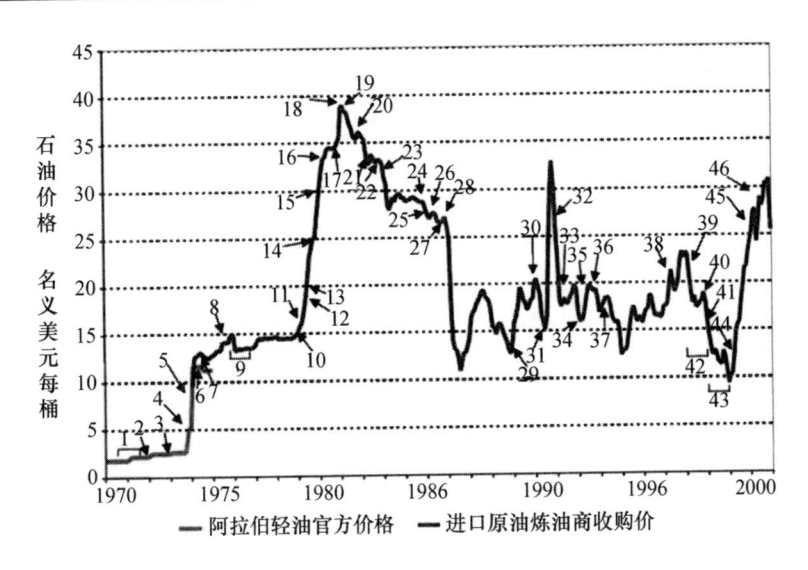

图 2—1　国际原油价格走势图

资料来源：中国经济网。

1983年，世界石油消费量每天减少360万桶"[①]，导致1985—1986年石油危机爆发，油格大幅下跌。1985年前后，美国石油进口的主要来源地是北海和墨西哥，从海湾进口的石油仅占全部进口的7%，到了1991年美国从海湾进口的石油已经占到28%。纵向看石油历史，中东石油始终是国际石油市场上的一支重要力量，但是重要性处在不断变化中，20世纪80年代是中东石油重要性相对较低的时代。同时，从美国军事上卷入中东的历史看，20世纪80年代却是美国直接军事卷入中东事务的开始或酝酿阶段。显然，石油的重要性和美国军事卷入的程度并不同步。

---

① "The oil and gas downturn and its impact on commercial real estate"，http://www.ey.com/Publication/vwLUAssets/EY-oil-and-gas-impacts-commercial-real-estate/\$FILE/EY-oil-and-gas-impacts-commercial-real-estate.pdf.（上网时间：2016年12月30日）

第二节　卡特主义

一、"双支柱"政策的瓦解

1970年开始，中东进入了极为重要的时期，埃及总统纳赛尔逝世、英国正式撤出中东、石油价格首次大幅上涨，中东开始变得更加动荡，革命和宗教暴力事件、国家之间的战争越来越频繁，美国维护自己利益的负担和代价相应上升，要求美国直接卷入的呼声高涨。由于20世纪70年代中东形势日益严峻，国家之间竞相加快军事现代化进程。在这个过程中，美国支持自己的盟友、友好国家政府加速军事化，大规模向其出售武器，在中东建立以美国为主导的军事安全体系。与此同时，中东国家本身的军事化，又迫使美国进一步卷入。

1973年后，随着大量石油美元的产生，中东产油国的财政状况大大改善，政府在推动经济发展的同时，把大量的财政收入用于购买社会稳定。社会和政治稳定一直是令中东君主制国家头疼的问题。君主制国家大部分是通过军事征服，通过与英美帝国主义合作，才上台和巩固了自己的执政地位，这些国家都面临着国内强大的不稳定因素。同君主制国家统治者的预期相反，经济繁荣并没有带来政治稳定，而是激化了社会矛盾和宗教矛盾。1979年11月，沙特东方省的什叶派暴动，抗议政府对什叶派的不公正待遇。同年，一些瓦哈比派的激进分子攻击并且占领了麦加大清真寺，挑战沙特王室的合法性。沙特安全部队与占领清真寺的激进分子相持两周后，在法国特种部队的协助下才夺回大清真寺，据称在战斗中有上千人失去生命。

1979年伊朗伊斯兰革命推翻了君主制政体，引发了中东政治大变革，美国的"双支柱"政策彻底瓦解。随着伊朗武装分子袭击美国驻德黑兰大使馆,"监禁外交官长达444天,两国的外交关系彻底走向崩溃"①。伊朗本是美国在中东最重要的盟友,20世纪70年代,伊朗已经成为美国的军备库、主要的军事基地和数千名美军的驻扎地,被称为美国派驻中东的"警察局",现在却变成了美国最重要的敌人。伊朗伊斯兰革命宣布了美国"双支柱"的瓦解,也标志着美国20世纪70年代以军售为核心的中东军事战略的失败。沙特作为美国"双支柱"政策的另一根支柱,美国从来没有认为它能够取代伊朗的地位。从1953年开始伊朗就是美国信赖的盟友,其现代化水平和人口规模沙特都无法比拟②。美国还将继续向沙特等阿拉伯国家出售武器,但是对盟国已经失去了信心,不再相信美国武装起来的盟国能够保护美国的利益。美国唯一的选择就是以色列,但是以色列在中东天然的政治脆弱性,使其难以完全发挥盟国作用③。伊朗是美国中东军事战略的一个沉痛教训:没有政治制度、意识形态支持,依靠利益建立起来的盟国,可以一夜之间从盟友变成敌人。既然盟国是不可靠的,美国军事战略的路径开始悄悄改变。美国必须依靠自己的军事力量,才能保护自己在中东的利益。于是,美国用"卡特主义"取代了"尼克松主义",准备自己驻军中东。

二、卡特主义的提出

1979年11月4日,愤怒的伊朗武装分子冲入美国驻德黑兰

---

① "The secret side of Iran-U. S. relations since the 1979 revolution", *The Guardian*, July 10, 2015.

② Charles Kupchan, *The Persian Gulf and the West: The Dilemmas of Security*, Taylor & Francis, 2012, p. 35.

③ Joe Stork and Martha Wenger, "From rapid deployment to massive deployment", in Micah L. Sifry and Christopher Cerf (eds), *The Gulf War Reader: History, Documents, Opinions*, New York: Random House, 1991, p. 35.

大使馆并扣押了60多名使馆的工作人员，造成了伊朗人质事件。美国随即冻结了伊朗数十亿美元的资产，拒绝购买伊朗石油，通过谈判、外交谴责及经济制裁等方式向伊朗施压，都没有达到预期效果。利比亚政府也试图在人质危机中进行干涉，美国驻的黎波里大使馆于1979年12月2日遭袭击①。伊朗人质危机严重打击了美军的士气和声望，越来越多的人主张美国应该增加在中东的军事存在。美国总统卡特在1979年12月4日的国家安全委员会会议上指示，国防部要在中东地区增加军事部署②。随后，由国防部和国务院组成联合代表团，前往埃及、沙特、阿曼、索马里和肯尼亚考察，讨论建立军事基地的可能性③。正在此时，1979年12月25日，苏联军队攻入阿富汗，杀死阿富汗总统，扶植亲苏的傀儡政权上台。卡特认为苏联入侵阿富汗的行为是"史无前例的，是二战后对世界和平的最大威胁"。在两极争霸的格局中，美国的地位受到严重挑战。

1980年1月23日，卡特总统向国会发表国情咨文，明确提出："我们的立场非常清楚：任何外部力量控制波斯湾的企图，都是对美国核心利益的挑战，美国将采取一切必要的措施铲除对国家利益构成的威胁，包括军事手段。"这一段讲话被历史学家称为"卡特主义"，即波斯湾是美国的核心利益，美国将不惜采取直接的军事干预措施来保护自己在波斯湾的利益。卡特主义是

---

① "U. S. Embassy in Tripoli, Libya Attacked", http://www.encyclopedia.com/politics/energy-government-and-defense-magazines/us-embassy-tripoli-libya-attacked. （上网时间：2016年10月9日）

② Maxwell Orme Johnson, "Military Force and American Foreign Policy in Southwest Asia, 1979-1982: A Study of the Rapid Deployment Joint Task Porce" (unpublished phD dissertation, University of Virginia, 1982), p. 25.

③ Maxwell Orme Johnson, "Military Force and American Foreign Policy in Southwest Asia, 1979-1982: A Study of the Rapid Deployment Joint Task Porce" (unpublished phD dissertation, University of Virginia, 1982), p. 26.

美国首次明确提出在中东地区进行直接军事介入，表明美国在中东的战略发生了巨大变化，是后来形成的大规模干预战略的第一个信号。"卡特主义"的提出意味着美国在中东军事遏制战略的结束，标志着美国军事进攻战略的开始，要保证中东石油的供应，确保美国在中东的国家利益，中东地区就必须有一个稳定的秩序，"卡特主义"表明美国准备提供这样的秩序。从此，美国把中东地区作为事实上的保护领地，在国家治理、经济发展、地区安全等问题上不断施加影响。

虽然美国的战略重点依然在西欧和东北亚地区，但是中东的战略重要性有显著提高，美国扩大了在中东的驻军规模，并在更广泛的地区获得了新的基地。"卡特主义"对美国中东军事战略的影响是潜移默化的，特别是里根当选总统之后，美国军事战略的重心继续在向中东转移。20世纪80年代，中央司令部在中东地区建立了自己的前沿部署，尽管没有对伊斯兰世界进行大规模军事突袭，但是里根政府在中东地区发动了多次军事和准军事行动。冷战时期总的来说，美国的遏制战略是有效的，美苏之间没有爆发激烈的军事冲突，第三次世界大战也没有打起来。但是，由于中东地区有复杂的历史、宗教因素，美国在中东的遏制战略很难奏效，需要采取比遏制更果断的军事措施。

三、中央司令部的成立

卡特于1977年担任美国总统，面对变化了的国际形势，一直谋求在中东建立新的安全体系。1977年8月24日卡特签署总统令，其中一项建议就是建立快速部署部队（Rapid Deployment Force）。1979年11月27日，美国宣布在国防部下面设立"快速部署联合特遣部队"（Rapid Deployment Joint Task Force），任命约翰·凯利（John F. Kelly）为司令，职责是保护美国在中东的利益。1980年3月1日，快速部署联合特遣部队正式启动，总部设在佛罗里达州的麦克迪尔空军基地。这一部队的正式建立，诠释了"卡特主义"的精神实质。

虽然这支部队的名字很有气势，但是在开始阶段它并不能算作一支具备实际战斗力的部队，规模十分有限，总部和可调用部队与管辖范围相距较远，只能算作一个存在于文件上的组织罢了。凯利认为，即便如此，快速部署联合特遣部队的成立向苏联发出了一个强有力的信号，即美国不能容忍军事冒险主义。当时，在中东建立快速部署联合特遣部队确实面临很大的挑战，军舰、飞机无法满足军事设备长途运输的需求，中东地区的港口、机场、道路也不能承担大规模军事运输的任务。同时，美国在中东没有大规模的军事基地，没有落脚点。面对实际困难，国防部立即派代表团与中东国家进行谈判，就相关问题进行磋商。1981年，陆军中将罗伯特·金斯顿（Robert Kingston）接替凯利担任"快速部署联合特遣部队"司令。金斯顿任职期间制定了"阿拉伯半岛防御计划"（OPLAN1002），该计划认为苏联可能对伊朗发动进攻，穿过伊朗，占领霍尔木兹海峡，美国需要制定相应的军事计划。尽管"阿拉伯半岛防御计划"设想的苏联入侵事件没有发生，但是美国因此建立的中东军事存在却实实在在建立起来了。1981年10月"快速部署联合特遣部队"成为独立的联合特遣部队，不再隶属于战备司令部。

1983年1月1日，里根总统将快速部署联合特遣部队升级为联合作战司令部，即"美国中央司令部"（the United States Central Command, USCENTCOM），金斯顿为第一任司令。美国中央司令部同欧洲司令部、太平洋司令部和南方司令部同样重要，是一体化作战地区指挥部，可调用现役部队30万人，下设陆、海、空、海军陆战队、特种部队五个司令部，其中海军司令部设在巴林，其他司令部均在美国本土。美国中央司令部的管辖范围包括埃及、苏丹、吉布提、埃塞俄比亚、肯尼亚、索马里、巴林、伊朗、伊拉克、科威特、阿曼、巴基斯坦、也门、卡塔尔、沙特、阿联酋、约旦等 25 个国家，覆盖中亚、中东到非洲之角的大片地区，总面积 65 万平方英里，总人口 5.22 亿。根据美国中央司令部的官方文件，其重点目标是中东地区，主要任务是保护石油从波斯湾流向美国和美国在世界各地的盟友。在和平时期，中央司令部部署军力 2.5 万人。由于阿拉伯国家民众普遍反美，伊斯兰教又对外国驻军特别敏感，因此美国驻军至少有一半以上是在海上的军舰中。快速部署联合特遣部队是美国国防部为应对伊朗事务而想出的权宜之计，相比之下，美国中央司令部则是一个四星级的司令部，这标志着美国越来越重视中东地区。

第三节 黎巴嫩事件

一、里根的战略选择

1980 年 5 月 30 日美国总统候选人里根提出口号："再也不能发生越南这样的事了（"No More Vietnams"）。"其实早在 1976 年美国越南战争结束一年后，里根在争取共和党提名总统候选人时就表示："让我们告诉那些在越南战场上战斗过的人，如果美国政府不能够确保赢得战争，我们就不会让年轻人去战斗，甚至去送死。"[1] 同其他领导人一样，里根通过这种方式表明他对这场战争的观点，他反对战争，如果他选择参加战争，那就必须确保打得赢。此后，在接受采访解释为什么"再也不能发生越南这样的事"的时候，里根说如果我们的政府不能够确保赢得战争，我们

---

[1] Lou Cannon, *President Reagan: The Role of a Lifetime*, New York: Simon and Schuster, 1991, p. 335.

就不应该让人民参加战争①。20世纪70年代，美国经历过越南战争、能源危机、通货膨胀、伊朗人质事件等重重打击之后，急需通过强大的军事实力来重振民心。里根当选总统组成内阁之后，里根总统、国防部长温伯格（Caspar Weinberger）等高级领导人都认为越南战争的后果之一是使美国大大落后于苏联，国际权力平衡向有利于苏联的方向发展，美国最主要的任务是重振国防实力。

里根坚持"以实力求和平"的理念，发出"重振美国"的口号，大幅增加军事开支，"从1980年到1985年，每年用于国防的实际开支几乎翻倍，从1426亿美元增加到2868亿美元"②。在里根军事投入达到顶峰的年份，国防支出超过了当年国内生产总值的6.5%③。美国的军事开支大量用于购买先进武器、军用设备、加强部队基础设施建设和提升空运、海运能力。海军战舰数量从479艘增加到525艘，陆军购买了数千架新型艾布拉姆斯坦克（Abrams tank）、布拉德利战车（Bradley Fighting Vehicle）、可在行进中射击的M-1坦克取代了停止才能射击的越南战争时期的M-60坦克④。美国大量的军事投入，迅速提升了部队的战斗力，在当时"如果苏联入侵波斯湾地区，美国应该有能力在当地或者利

---

① Elizabeth Drew, *Portrait of an Election: The 1980 Presidential Campaign*, New York: Simon and Schuster, 1981, p. 118.

② Tom Bowman, "Reagan guided huge buildup in arms race", http://www.baltimoresun.com/news/bal-te.pentagon08jun08-story.html. （上网时间：2016年12月8日）

③ "Why We Can't Compare Ronald Reagan's Defense Budget To Today's", https://www.forbes.com/sites/realspin/2016/02/24/ronald-reagan-defense-budget-today/#6210d02e1aee. （上网时间：2016年10月9日）

④ Tom Bowman, "Reagan guided huge buildup in arms race", http://www.baltimoresun.com/news/bal-te.pentagon08jun08-story.html. （上网时间：2016年12月8日）

第二章 战略过渡时期（1979—1990）

比亚、越南及亚洲土地上将其击退"①。里根任期结束的时候，在军费上的开支超过了越南战争高峰期总支出的43%，这意味着增加了数以万计的部队和更多的武器装备②。

里根重新武装美国，恢复美国的军事优势地位，目的就是要把苏联在中东的扩张势头打压下去。里根遇到的第一个军事危机就是黎巴嫩事件，这件事情同苏联没有直接的关系，却是典型的中东战争，涉及到逊尼派与什叶派的教派分歧、阿拉伯与以色列的冲突、伊朗与以色列的对立、苏联与美国的对抗。在里根采取进攻性全球军事战略的背景下，如何应对美军在黎巴嫩被袭事件，引起了内阁的严重分裂。一派观点主张坚持美国传统的离岸平衡政策，不要直接卷入中东的战争；另一派观点力图突破传统的路径，要求对袭击者进行严厉报复。最终，里根全面撤出了黎巴嫩。但是从政治斗争的激烈程度看，主张突破传统路径的力量已经非常强大。

1983年10月23日凌晨4点，东加勒比海国家组织（the Organization of Eastern Caribbean States）向美国发出紧急求助信号，希望美国出兵格林纳达帮助其恢复社会秩序。1983年10月13日，格林纳达发生军事政变，共产主义者政府军司令奥斯汀夺取了政权，枪毙了总理毕晓普，成立了"革命军事委员会"，东加勒比海国家组织担心格林纳达成为下一个古巴。里根总统、国家安全事务助理麦克法兰（McFarlane）和国务卿舒尔茨（Shultz）经过短暂讨论后一致认为，当西半球的利益受到破坏时，美国必须发挥领导作用保护西半球。随即里根总统电告副总统乔治·布什，让他做好出兵格林纳达的准备。10月24日，里根召开国家

---

① Leslie H. Gelb, "Reagan's Military Budget Puts Emphasis on a Buildup of U. S. Global Power", *The New York Times*, February 7, 1982.
② "Ronald Reagan's Military Buildup", http：//www.u-s-history.com/pages/h1957.html. （上网时间：2016年10月9日）

安全委员会会议时，决定正式出兵格林纳达，确保美国公民安全撤离。10 月 25 日，美国发起代号为"暴怒"（Operation Urgent Fury）的军事行动，"投入地面部队约 8000 人"[1]，成功推翻了政变后的新政权。然而，几乎同一时间在黎巴嫩发生了另一起损害美国国家利益的事情，美国却采取了截然不同的态度。

1983 年 10 月 23 日凌晨 6 点，一辆装载近 1000 克炸药的奔驰卡车绕过美国海军陆战队营地的铁栅栏和沙袋障碍，冲向一座四层楼的建筑物，这栋建筑物是负责海军陆战队行政事务的司令部。当卡车冲向办公楼的时候，一名夜间巡逻人员向卡车连开五枪希望击毙驾驶员，但没有击中。另一名海军陆战队员直接扑向卡车，也没有成功，卡车冲向办公楼并且直接爆炸，炸出了直径 40 英尺、深 30 英尺的大坑，四层楼的建筑物完全变为废墟[2]。爆炸共造成 220 名海军陆战队员、18 名水手和 3 名士兵死亡[3]。两分钟后，另一辆装满炸药的卡车冲向了黎巴嫩南部郊区的法国军事基地，"造成 58 人死亡"[4]。这里离美国海军陆战队的基地只有 2 英里，驻扎着 110 名法国士兵。这显然是一场有预谋、有组织的袭击行动，他们使用了同样的卡车、同样的炸药。黎巴嫩袭击者向法国发出了明确的信号，让他们离开黎巴嫩。

不久之前，里根刚刚决定入侵格林纳达。格林纳达作为美国

---

[1] 冯平、王国富、吴志樵著：《现代海战》，北京：中国环境科学出版社，学苑音像出版社，2006 年版，第 206 页。

[2] Thomas L. Freidman, "Beirut Death Toll at 161 Americans", *The New York Times*, October 24, 1983.

[3] "U. S. Embassy in Beirut hit by massive car bomb", http：//www.history.com/this-day-in-history/u-s-embassy-in- beirut-hit-by-massive-car-bomb . （上网时间：2016 年 11 月 3 日）

[4] "U. S. Embassy in Beirut hit by massive car bomb", http：//www.history.com/this-day-in-history/u-s-embassy-in- beirut-hit-by-massive-car-bomb. （上网时间：2016 年 11 月 3 日）

第二章 战略过渡时期（1979—1990）

"后院"中美洲加勒比海地区的一个小岛国，总兵力约为2000人，显然是一个容易控制的目标。这次在黎巴嫩里根面临的挑战者完全不同，这个中东国家长期经历教派冲突、种族对立的困扰。1982年当联合国要求多国维和部队帮助黎巴嫩维持社会稳定时，美国政府内部发生了严重的分歧，参谋长联席会议主席对部署军队表示反对，国家安全委员会表示支持，里根最终于8月20日派出1500名海军陆战队队员奔赴黎巴嫩，他并没有希望这能解决黎巴嫩的问题，而是希望这支部队作为多国维和部队的一部分，能够给黎巴嫩带来一定的稳定。现在，里根面临的选择是要么报复袭击者，要么撤出黎巴嫩。4个月之后，美国海军陆战队队员全部撤出黎巴嫩。从1983年10月23日241名美国军人遇难，到1984年2月26日美军撤出黎巴嫩期间，美国没有采取任何行动报复袭击者。里根没有采取行动的主要原因：一是内阁内部存在分歧，特别是国防部长温伯格和国务卿舒尔茨之间观点严重对立；二是里根的多数顾问和参谋长联席会议主席不愿轰炸一个阿拉伯国家，特别是在总统竞选期间展开一场对外战争的风险难以评估；三是越南战争的阴影始终挥之不去。

在美国的国家利益面临威胁，美国人民的安全面临挑战的时候，里根一方面决定攻占格林纳达，另一方面却决定撤出黎巴嫩，这其中的原因究竟是什么？克林顿第一任期的国防部长佩里（William James Perry）给出了自己的答案[1]，他认为最近几十年美国从来不害怕同一支正规军作战，在国防部长温伯格看来，格林纳达是一个传统的敌人，他们是一支正规的、小规模的陆军、空军，目标明确，容易打垮。即使这样的敌人是规模庞大、实力强大的，甚至拥有现代化武器，只要他们是打一场传统的战争，美

---

[1] Marvin Kalb, Deborah Kalb, *Haunting Legacy: Vietnam and the American Presidency from Ford to Obama* Washington D. C. : Brookings Institution Press, 2011, p. 96.

国也有信心和能力打赢这场战争。在黎巴嫩美国面临的是一类不同的敌人，美军实际上是要打一场游击战，在那里游击队员从树林或路旁攻击你，你却不知道他们在哪里。面对不同的敌人，里根选择了出兵格林纳达，同时撤出黎巴嫩。显然对里根而言，黎巴嫩更接近于越南。

二、黎巴嫩事件的来龙去脉

（一）以色列对黎巴嫩境内巴解组织的攻击

1970年"黑色九月"事件爆发后，约旦国王侯赛因和巴勒斯坦解放组织（Palestine Liberation Organization）领导人阿拉法特（Yaser Arafat）在阿拉伯国家的调停下于9月25日签署了停火协议，但是双方的冲突仍然时断时续。1971年7月，上万名巴勒斯坦战士被以色列驱逐出约旦，他们转移到了黎巴嫩，与黎巴嫩的巴勒斯坦难民一起建立起新的营地，在贝鲁特和黎巴嫩南部建立了十几个营地。这些营地成为阿拉法特领导的巴解组织的控制区域，形成了"国中国"的局面，无尽的袭击和报复也接踵而至。1975年黎巴嫩内战爆发，国内一片混乱，巴解组织和以色列之间的暴力冲突不断升级。1976年6月，在阿拉伯联盟的授权下，叙利亚军队也开始大规模进入黎巴嫩，这对以色列来说是个巨大的挑战。以色列国防部长沙龙和强硬派总理贝京并不这样认为，他们决心毕其功于一役，摧毁巴解组织并将叙利亚军队赶出黎巴嫩，然后在贝鲁特建立马龙派政府，并同该政府建立盟友关系，"这会将黎巴嫩由不利因素转变为有利因素"[1]。

1981年7月，在美国的调停下，巴解组织和以色列达成了停

---

[1] David Crist, *The Twilight War: The Secret History of America's Thirty-Year Conflict with Iran*, New York: ThePenguin Press, 2013, p. 108.

火协议[①]。1981年12月美国国家安全委员会的一名年轻成员道格拉斯·菲斯（Douglas Feith）从中东返回华盛顿带来了令人不安的消息，以色列总理贝京、国防部长沙龙可能正在计划对黎巴嫩进行闪电式攻击，消灭巴解组织，他的消息没有得到华盛顿高层的重视。1982年春，当巴解组织在黎巴嫩边境发动新一轮攻击时，以色列做出快速反击，但都在短时间内撤出了地面部队，里根政府并没有意识到战争有可能升级。1982年4月以色列撤出埃及西奈半岛后，向美国做出保证，除非巴解组织先发动攻击，以色列不会先攻击巴解组织。6月3日，巴解组织成员试图暗杀以色列驻英国大使，这一行为破坏了巴以之间存在的默契：双方都不能暗杀对方的领导人。这次暗杀行动给正在寻找借口对巴解组织发动全面攻击的以色列提供了一个很好的机会。以色列总理贝京随即发动"加里利和平"（Operation Peace for Galilee）军事行动，其战略目标为[②]：（1）消除巴解组织对以色列北部边界的威胁；（2）摧毁黎巴嫩的巴解组织基础设施；（3）消灭叙利亚在贝卡谷地（Bekaa Valley）的军事存在；（4）建立稳定的黎巴嫩政府；（5）加强以色列在约旦河西岸的地位。

1982年6月5日，以色列战机攻击了黎巴嫩境内的巴解组织驻地。6月6日，以色列陆军越过边界进入黎巴嫩南部。在短短几天内以色列军队已经抵达贝鲁特南部郊区，以色列的大规模军事行动让白宫措手不及。最初，以色列解释说他们无意继续北上，也无意追赶巴解组织战士。事实上，以色列数十万军队一路

---

① "First Lebanon War: Background & Overview", http://www.jewishvirtuallibrary.org/background-and-overview-of-first-lebanon-war. （上网时间：2016年7月1日）

② George C. Solley, "Israel's Lebanon War, 1982 – 1985", https://www.globalsecurity.org/military/library/report/1987/SGC.htm. （上网时间：2016年7月23日）

北上，穿过阿尔河（Awall River），进入贝鲁特，炮轰巴解组织营地。显然，从一开始以色列就在欺骗华盛顿。以色列国防军进入黎巴嫩后就开始有计划、有组织、大规模地消灭巴解组织战士、巴勒斯坦平民和叙利亚军队。经过4周的密集战斗后以色列完全控制了黎巴嫩南部地区和通向黎巴嫩首都的通道。以色列国防军还一度向叙利亚军队驻地贝卡谷地推进，在战斗过程中，以色列摧毁了绝大多数叙利亚地对空导弹设施。在大规模空战中，以色列击落叙利亚25架飞机，其中大部分是米格-23型战机[1]。以色列国防军迅速占领了黎巴嫩近1/3的领土。以色列军队充分展示了西方武器的巨大优势，叙利亚和巴解组织经历了重大挫败。

  以色列发动军事行动以来，美国一直保持着美以结盟的传统路径，信任以色列的解释，默许以色列的行为。对于以色列的军事胜利，美国心态复杂。一方面，他们对以色列国防军展示的军事实力感到满意；另一方面，他们知道必须尽快安排停火，给巴解组织安排出路。但是里根政府在以色列停火方案上存在分歧，"国务卿亚历山大·黑格（Alexander Haig）认为，美国不应该单方面要求以色列撤军，巴解组织和叙利亚也应该撤离。国防部长卡斯珀·温伯格、副总统乔治·布什和国家安全顾问威廉·克拉克（William Clark）认为以色列国防军应该立即撤出，如果不撤离就应给予制裁。"[2] 在中东，美国长期在以色列和阿拉伯国家间寻找巧妙的平衡，既不能过度倒向以色列，也不能过度倒向阿拉伯国家。"加里利和平"行动以来，阿拉伯国家如"约旦、沙特、埃及已对美国极度失望，因为美国没能使用有效手段阻止以色列

---

[1] "The Lebanon War: Operation Peace for Galilee (1982)", http://www.mfa.gov.il/mfa/aboutisrael/history/pages/operation%20peace%20for%20galilee%20-%201982.aspx. （上网时间：2016年9月12日）

[2] "The Reagan Administration and Lebanon, 1981–1984", https://history.state.gov/milestones/1981-1988/lebanon. （上网时间：2016年8月3日）

的军事行动"①。美国通过密集的穿梭外交，在短短几周内，提出了自己的黎巴嫩停火方案。然而，以色列总理贝京却有自己的计划，他已经决定彻底消灭巴解组织。8月10日，以色列空军对贝鲁特西部发动大规模的空袭行动，这里实际上是巴解组织的首都，驻扎着巴解组织数千名战斗人员，是巴解组织的最后军事堡垒。以色列的空袭行动极其血腥惨烈，电视画面把以色列的残暴行为传遍全球，贝鲁特上空浓烟滚滚，尸横遍野，鲜血满地。在中东地区，战争历来既是一场军事战争也是一场心理战争。在军事斗争中巴勒斯坦失败了，但是在心理战争中赢得了国际社会的同情。相反，以色列赢得了军事战争，但是失去了西方盟国的支持。8月11日早晨，刚刚看完电视新闻报道的里根总统立刻给以色列总理贝京打电话，向以色列做出最严厉的警告：如果以色列不立刻停止空袭，美以全面关系将面临严重冲击②。

然而，以色列总理贝京并没有被里根的警告吓倒，仍持续进行大规模空袭行动，与此同时，里根总统的中东特使哈比比（Philip Habib）也积极穿梭于以色列和巴解组织之间，迫切希望促成一个双方都能接受的方案。尽管巴解组织经历了挫折，但是他们依然保留了1.4万人的军队，巴解组织并没有像贝京希望的那样彻底被消灭。哈比比提出了一个方案，以色列容许巴解组织撤出黎巴嫩，分散到其他阿拉伯国家，不再对以色列构成直接威胁，同时也能保留巴解组织的体面。对于哈比比的方案，以色列领导人意见不一，大部分领导人准备有保留地接受方案，但是沙龙等少数派仍然坚持继续战争。8月16日，巴解组织领导人阿拉法特接受了哈比比方案，但是提出了一个前提条件，即巴解组织

---

① "Arabs are 'losing faith' in America: lessons from Lebanon 1982", *The Guardian*, January 4, 2013.

② Robert C. McFarlane and Zofia Smardz, *Special Trust*, New York: Cadell and Davies, 1994, pp. 208–209.

撤出黎巴嫩时必须得有多国部队护送，因为阿拉法特担心以色列背叛承诺，对撤离的巴解组织发动突然袭击。贝京也不愿意与美国公开决裂，被迫接受了哈比比方案，容许巴解组织撤出黎巴嫩，也容许多国部队为其提供保护。在获得巴解组织和以色列的同意后，近800名美国海军陆战队、800名法国准军事部队、400人的意大利军队进驻黎巴嫩，多国部队的使命是防止以色列对正在撤退的巴解组织进行攻击，因此他们计划在黎巴嫩驻扎30天，直到黎巴嫩政府军能够取代他们为巴勒斯坦难民提供保护。

（二）美国海军陆战队的去与留

巴解组织撤出黎巴嫩之后，仍然有大量的巴勒斯坦难民居住在西贝鲁特和其他巴勒斯坦难民营，如果黎巴嫩政府军不能在30天内取代多国部队，谁来保护巴勒斯坦难民的安全是个重要的问题。8月21日，在多国部队的护送下14000名巴解组织战斗人员安全撤出黎巴嫩。理论上多国部队已经顺利完成了自己的使命，然而中东的事情往往比理论上更复杂。从一开始，国防部长温伯格就反对美国部队入驻任何一个阿拉伯国家，即使是短期的维和任务也不例外。温伯格谴责以色列对黎巴嫩的入侵行为，担心阿拉伯国家对美国实施石油禁运。在这一点上他和里根总统的意见一致，里根对以色列的入侵行为也很恼火，对多国部队进入黎巴嫩也不热心。但是，国务卿舒尔茨和国家安全事务助理麦克法兰坚持认为，哈比比方案是美国所能接受的最好方案，温伯格显然不同意他们的看法，想在自己的权力范围内尽可能减少美国的军事卷入。在巴解组织战斗人员撤出黎巴嫩之后，温伯格命令美国海军陆战队于9月10日撤离，随后法国、意大利军队也快速跟进撤出黎巴嫩。

多国维和部队刚刚撤出，黎巴嫩的局势就开始迅速恶化。9月14日，黎巴嫩刚当选的总统贝希尔·杰马耶勒（Bashir Gemayel）被叙利亚支持的武装分子暗杀。黎巴嫩新总统原定于9月23日就职，是以色列在黎巴嫩的盟友，受以色列的资助，得到以色列的保护。总统被刺杀之后，其哥哥阿明·杰马耶勒接替了他的职位，但是阿明的威望和领导力都远远不如贝希尔·杰马耶勒，黎巴嫩形势迅速恶化。9月16日，以色列支持的黎巴嫩基督教派游击队攻击了西贝鲁特的巴勒斯坦难民营。当时以色列的军队就驻扎在西贝鲁特，但是他们没有采取任何行动，放任大屠杀持续了40多个小时。在这次大屠杀中，600多名巴勒斯坦男女老幼被杀害。事后，里根指责国防部长温伯格而不是以色列，是他武断地将海军陆战队撤离贝鲁特才为这一事件打开了机会之门。如果海军陆战队没有撤离，继续按照哈比比和阿拉法特原来的协议，留在贝鲁特保护巴勒斯坦难民，这次大屠杀就可以避免的。

总统班底就海军陆战队重返贝鲁特进行了投票，除温伯格和参谋长联席会议主席约翰·维西（John W. Vessey）外，大家都支持海军陆战队加入新组建的多国部队[1]。9月20日，里根宣布海军陆战队重返黎巴嫩，其使命是帮助该政府"恢复对贝鲁特的主权"[2]。10月2日，美国海军陆战队再次进入黎巴嫩首都贝鲁特及其郊区。黎巴嫩内战持续发酵，海军陆战队毫无疑问地支持黎巴嫩前总统贝希尔·杰马耶勒的部队，因为他们代表了黎巴嫩"政府"。海军陆战队帮助这些部队训练战士并提供军事援助，美国正在一步步被拉入黎巴嫩的漩涡。黎巴嫩国家安全事务助理瓦迪·哈达德（Wadia Haddad）曾表示："美国就在我的口袋中。"[3]

---

[1] Robert C. McFarlane and Zofia Smardz, *Special Trust*, New York: Cadell and Davies, 1994, pp. 211–212.

[2] "Transcript of President Reagan's Speech on Sending Marines into Lebanon", *The New York Times*, September 21, 1982.

[3] Thomas L. Friedman, *From Beirut to Jerusalem*, New York: Anchor Books, 1990, pp. 194–197.

如果黎巴嫩人民将美国海军陆战队队员视为朋友，那就不会出现后来街头游行中向他们投掷石头和污言秽语了。1983年3月16日的游行中，有人向海军陆战队投掷手雷，致使5名队员受伤①。4月18日，袭击进一步升级，一名自杀式炸弹袭击者驾驶着一辆装满炸药的皮卡车在美国大使馆入口处引爆，造成七层的建筑物倒塌，63人遇难，包括17名美国公民。7月14日，德鲁兹民兵伏击了正在巡逻的黎巴嫩武装部队，占领了袭击美国海军陆战队的较好位置，8月28日，2名海军陆战队队员在袭击中丧生，14人受伤。海军陆战队员用M-16型步枪和M-60型机枪予以回击，自一年前作为多国维和部队的一部分来到黎巴嫩，这是他们第一次参与战斗②。显然，美国现在已经卷入黎巴嫩内战。

9月3日夜，在没有提前通知华盛顿的情况下，以色列军队从贝鲁特旁的舒夫山脉（Shouf Mountain）和阿莱山脉（Alayh Mountain）撤离，进入黎巴嫩南部的安全区域。当时的黎巴嫩一片混乱，各方都在试图获得有利的支撑：德鲁兹与黎巴嫩穆斯林联盟、叙利亚与新成立的伊朗资助的什叶派真主党武装联手，共同反对贝希尔·杰马耶勒的基督教马龙派、右翼基督教民兵。9月10日，由伊朗革命卫队支持的德鲁兹联盟开始攻击黎巴嫩政府军三个步兵旅中的一个。这个步兵旅负责保卫艾尔—加尔卜（Suq al-Gharb）地区，该地既可鸟瞰到黎巴嫩总统官邸又可看到美国大使馆在贝鲁特的驻地。9月11日，里根总统的中东代表麦克法兰在贝鲁特获悉，7名黎巴嫩士兵被杀，43名受伤。麦克法兰认为，黎巴嫩军队生存下来的可能性较小，他立即向华盛顿发了加急电报，"黎巴嫩军队面临毁灭性打击，黎巴嫩政府可能在

---

① Thomas L. Friedman, *From Beirut to Jerusalem*, New York: Anchor Books, 1990, pp. 194–197.

② Richard Bernstein, "Marines Shoot Back For First Time In A Fire Fight Near Beirut Airport", *The New York Times*, August 29, 1983.

24小时内毁灭"①。9月19日，美国四艘导弹驱逐舰向德鲁兹联盟、叙利亚和巴勒斯坦军队开火。在美国炮火的威胁下，反黎巴嫩政府武装被迫撤出贝鲁特。9月25日，又有炮弹落入了美国驻黎巴嫩大使的官邸内。这次炮击黎巴嫩大使馆的时机非常蹊跷，因为就在第二天叙利亚总统阿萨德接受了美国的提议，同意在黎巴嫩停火。9月28日，美国国会就海军陆战队撤离问题展开了激烈的辩论。国会议员担心黎巴嫩变成下一个越南，一部分国会议员要求美国立刻撤出黎巴嫩，另一部分主张给里根总统更多时间。经过7小时的辩论，众议院以270对161票通过决议案，再给里根18个月的时间，以便其完成在黎巴嫩的军事行动。在这次投票中，26名共和党众议员反对给里根更多的时间，其中包括年轻的众议员麦凯恩。麦凯恩认为黎巴嫩越来越像越南："最根本的问题是美国在黎巴嫩的利益到底是什么？如果我们是为了维持和平，那是怎样的和平？如果我们是为了帮助政府，那是哪个政府？如果我们是为了稳定地区局势，美军的军事存在怎样才能稳定地区局势？"② 如果美国在黎巴嫩的真正对手是叙利亚，美国在黎巴嫩沿海部署兵力是为了威慑叙利亚，但是美国并不打算同叙利亚开战。美国清楚这一点，叙利亚也清楚这一点，因此美国的军事威慑效果有限。

（三）应对黎巴嫩事件的决策过程

正当美国政府为9月26日交战各方的停火欢呼，讨论海军陆战队何时撤离的时候，发生了10月23日美国驻黎巴嫩海军陆战队军营被袭击事件，214人丧生。后来，里根在回忆录里写道：

---

① Robert C. McFarlane and Zofia Smardz, *Special Trust*, New York: Cadell and Davies, 1994, pp. 250 – 251.
② Robert Timberg, *The Nightingale's Song*, New York: Simon and Schuster, 1995, p. 330.

"黎巴嫩事件是我作为总统最遗憾、最难过的一件事。"① 美国海军陆战队被袭击的当天，里根就在白宫召开了紧急会议。在会上，里根声称美国不会被吓倒，承诺要给袭击者快速、有效的打击。内阁分为截然不同的两个派别，国务卿舒尔茨和国家安全事务助理麦克法兰，主张加大军事投入力度，向黎巴嫩派出更多军队，对袭击者进行军事打击；国防部长温伯格和参谋长联席会议主席约翰·维西（John W. Vessey）主张立即撤出黎巴嫩，避免美军更多的伤亡，如果军事打击不能有效地击中目标，将有损国家形象。美国在黎巴嫩没有直接的利益，美军在黎巴嫩作战的目标也不清晰，美国对叙利亚的军事威慑效果有限，在这样的情况下撤出黎巴嫩是最合理的选择。当时里根认为当务之急是要找到袭击者然后消灭他，里根还向中央情报局、国防部发出书面指示，要求中央情报局确认袭击者所在位置，要求国防部立刻做好军事打击的部署。然而，由于内阁在这件事情上的观点分歧，国务院国家安全委员会和中央情报局各行其道，国防部根本就按兵不动。

中央情报局很快就找到了美国海军陆战队军营的袭击者，他们是一支什叶派武装——胡赛尼自杀武装（Husaini Suicide Squad）。这支武装的领导人是海达尔（Haidar Musawi）②，1982年6月从阿迈勒（Amal）主线脱离出来成立了伊斯兰阿迈勒（Islamic Amal），很快就改名为真主党。真主党、伊朗革命卫队、叙利亚军队在黎巴嫩形成了铁三角，共同对付美国的军事干预。中央情报局有大量情报表明伊朗和叙利亚都卷入了袭击事件。9月

---

① Ronald Reagan, *An American Life*, New York: Simon and Schuster, 1990, p. 466.

② Andrew Dorvan Schad, Lebanon's Hizbollah Movement: The Party of God, a Thesis Submitted to the Faculty of the Department of Near Eastern Studies, The University of Arizona, 1999, p. 93.

第二章 战略过渡时期（1979—1990）

27日，美国海军陆战队被袭击的4周前，美国国家安全局曾经上报一条绝密信息，伊朗驻叙利亚大使向海达尔发出指令，要求把袭击的重点放在多国部队上，特别是要对美国海军陆战队做出重要行动。但是，美国驻黎巴嫩的军方将领在10月25日才接到这一情报，也就是在袭击事件后的第三天，中央情报局还得到了别的信息，负责协调黎巴嫩事件的伊朗情报官员10月23日就在贝鲁特，7条被截获的伊朗电子信息要求攻击美国和法国军队。虽然"伊斯兰阿迈勒负责人否认对10月23日的袭击事件负责"[1]，但是中央情报局局长威廉·凯西（William Casey）在国家安全委员会会议上指出，中央情报局有足够的情报表明伊斯兰阿迈勒是袭击美国海军陆战队军营的实施者，伊朗和叙利亚是其幕后主谋。因此，凯西认为美国应该对袭击者进行军事打击。现在，对于里根提出的谁实施了袭击，他们在哪里的问题，中央情报局已经给出了他们的答案。

国务卿舒尔茨和国家安全事务助理麦克法兰对他们的回答表示满意，主张立即进行军事打击。国防部长温伯格认为中央情报局并没有完全回答总统的问题，如果你不知道袭击者的准确位置就有可能伤及无辜，并以一个比喻回应舒尔茨，"这样的报复行动就像在一个拥挤的剧院射击，正中袭击者的可能性非常小，反而会损害美国与阿拉伯国家的关系。"[2] 最后，总统里根没有表态，这次国家安全委员会会议没有形成最终决议。当时里根和他的国家安全团队正在谋划美国对格林纳达的入侵，黎巴嫩问题被暂时搁置一边。因此与人们的最初想象不同，好几天过去了，美

---

[1] Philip Taubman, "Reagan Aides Say C. I. A. Bulletin Warned of Likely Beirut Attack", *The New York Times*, November 2, 1983.

[2] David C. Wills, *The First War on Terrorism Counter-Terrorism Policy during the Reagan Administration*, Maryland: The Rowman & Littlefield Publishing Group, Inc, 2003, p. 30.

国没有采取任何军事行动。显然，国防部长温伯格的观点占了上风。温伯格认为，贝鲁特是全世界最危险的地方，美国军队从一开始就不应该卷入，现在更应该撤出。参谋长联席会议主席维西也支持温伯格的观点，一方面他认为中央情报局的情报不可靠不全面，另一方面他认为打击伊斯兰阿迈勒不符合美国的利益。温伯格和维西对美国与阿拉伯国家的关系很敏感，认为美国军事打击黎巴嫩境内的阿拉伯人居住区，会严重损害美国在阿拉伯国家的形象，不符合美国的利益。关键问题是他们并不认为中央情报局有精准情报，因此美国并不能对袭击者进行准确定位和精准打击。

11月14日，里根访问亚洲结束后回到华盛顿，再次召开国家安全委员会会议讨论黎巴嫩问题。国务卿舒尔茨、国家安全事务助理麦克法兰、中央情报局局长凯西主张军事打击，认为美国应对袭击者发出清晰信号；国防部长温伯格和参谋长联席会议主席维西反对军事打击，认为空中打击只能带来负面效果。里根则认为尽管较上次相比美国有了更多的情报，但是这些情报并不足以让美军进行军事打击。这次国家安全委员会会议也没有就军事打击问题做出最后决定。过去几十年，在美国出兵海外的问题上，内阁曾发生多次分歧，但是这次是舒尔茨和温伯格观点分歧比较严重的一次。内阁的分裂在决策过程中发挥了重要作用，是里根没有采取军事行动的原因之一。11月17日，当里根政府还在考虑军事打击黎巴嫩的时候，法国和以色列已经对黎巴嫩境内的伊斯兰阿迈勒组织实施了军事打击，美国军事打击黎巴嫩的难题不攻自破。1984年1月23日，里根政府再次召开会议研究黎巴嫩局势，讨论将海军陆战队撤回到沿海的军舰上，还是留下陆军训练黎巴嫩政府军。2月15日，里根提交国会一份8页纸的备忘录，详细讨论了重新部署海军陆战队的计划。1984年春，黎巴嫩形势迅速恶化，黎巴嫩政府军既没有能力也没有意愿结束战斗，其他各方也不愿意放弃自己的利益，伊朗、叙利亚、以色列等外部力量也没有收手的意思，战争注定将变得旷日持久。在这种情况下，里根政府最终决定于2月26日全面撤出在黎巴嫩的军队，结束美国在黎巴嫩的军事卷入。

美国在黎巴嫩的军事卷入帮助美国国防部形成了新的对外干预原则，这个原则被称为温伯格主义或鲍威尔主义。温伯格主义包括四点内容：第一，除非涉及美国核心国家利益，否则美国不采取军事行动；第二，美国不采取不彻底的军事行动；第三，除非获得公众和国会的支持，美国不采取军事行动；第四，军事行动必须是最后一项选择，在其他选项都失败之后才能使用。在黎巴嫩事件中，里根政府没有获得美国公众和国会的支持也没有明确的战略目标，很难理解美国为什么会在黎巴嫩部署军队。事实上，里根总统最初并无意军事卷入黎巴嫩战争，而只承担短期的小规模的维和任务。后来，随着局势的不断恶化，美国是一步一步不知不觉地被拖入到战争中的。也就是说，美国进入黎巴嫩的最初目的是维和，而后来美国海军陆战队的目的是维护黎巴嫩政府，已经大大偏离了其初衷，这种矛盾在美国中东军事行动中屡见不鲜。

第四节　波斯湾海战

一、两伊战争中美国的立场

1979年伊朗伊斯兰革命不仅改变了地区格局，重塑了美国的中东军事战略，而且引起了伊朗的老对手伊拉克的高度紧张。一方面，伊拉克有近60%的人口属于什叶派，伊拉克担心霍梅尼向伊拉克输出伊斯兰原教旨主义，激起境内什叶派的革命激情；另一方面，伊拉克认为伊朗革命后处在混乱中，政治上、军事上都处于弱势，是一个扩张自己势力的好机会。伊朗和伊拉克长期存在边界冲突，紧张局势一度升级。1980年9月22日，伊拉克以伊朗试图颠覆其政权、侵略其领土、干涉其内政为由，对伊朗境内的机场、石油设施发动突然袭击，从三个方向同时向伊朗发动地面进攻，伊朗西北海岸的石油出口立即终止，两伊战争拉开序幕。

伊拉克与伊朗全面战争爆发，美国始料未及。在战争初期，美国的目标是防止任何一方取得完全胜利，仍然采取传统的离岸平衡政策。当时，伊拉克是亲苏联的反美政权，伊朗也是反美政权，两国都与美国没有外交关系，美国公开宣布保持中立。美国认为两伊开战是一件好事，让美国的两个敌人互相削弱，有利于保护沙特等美国的阿拉伯盟友。于是，美国同时向伊朗、伊拉克提供武器、资金和情报，谴责伊朗在战场上使用化学武器，也谴责萨达姆对伊拉克人民使用化学武器[1]。在1980年9月的战斗中，伊拉克占领了伊朗边界大面积地区。里根总统在1981年1月上任后不久就决定允许以色列向伊朗出口数十亿美元的美国武器和备件[2]。1981年1月5日，伊朗首次发起对伊拉克的反击，伊朗军人使用了政府购买的美国武器后，变得更加有战斗力，在一系列的反攻中获胜。尽管"里根政府已于1982年春秘密地向伊拉克提供军事情报，同时也允许向其出售美国武器"[3]，但是在接下来的反攻中，伊朗军队顽强战斗。1982年5月底，伊朗成功地把伊拉克入侵者逐出了自己的领土。1982年6月10日，萨达姆宣布

---

[1] Joost R. Hiltermann, *A Poisonous Affair*: *America*, *Iraq*, *and the Gassing of Halabja*, New York: Cambridge University Press, 2007, pp. 37–64.

[2] Seymour M. Hersh, "U. S. Secretly Gave Aid to Iraq Early in Its War Against Iran", *The New York Times*, January 26, 1992.

[3] Seymour M. Hersh, "U. S. Secretly Gave Aid to Iraq Early in Its War Against Iran", *The New York Times*, January 26, 1992.

单方面停火,将伊拉克部队从伊朗领土全部撤出,但是伊朗并没有接受停火,继续向伊拉克进攻。

1982年7月13日,伊朗集中十余万兵力发动了对伊拉克的又一轮进攻,直逼第二大城市巴士拉。随着战场转入了伊拉克境内,国内对萨达姆的不满情绪上升,反叛力量开始活跃起来。面对伊朗的进攻和国内的动乱,萨达姆政权岌岌可危。这种局面显然不符合美国的利益:一方面,伊朗当时是美国在中东地区最大的敌人,保证伊拉克的生存才能有效削弱或者遏制伊朗;另一方面,美国担心"伊朗在突破巴士拉后破坏科威特等海湾国家甚至沙特的稳定,威胁美国的石油供应"[1]。1982年确保萨达姆的生存已成为美国的优先事项,"里根总统决定美国将会做任何必要和合法的事情,以防止伊拉克在战争中失败"[2],这一政策于1983年11月26日正式写入了美国国家安全决定第114号指令(National Security Decision Directive 114)。其实,早在"1983年10月,里根政府就违反武器出口管制法,秘密地允许约旦、沙特、科威特和埃及将美国的武器,包括直升飞机和炸弹运往伊拉克"[3]。同年12月,里根总统派特使唐纳德·亨利·拉姆斯菲尔德访问了巴格达,并且同萨达姆签署了军事合作协议。拉姆斯菲尔德与萨德姆具有象征意义的握手,标志着美国已经加入反波斯集团,之前美国在两伊战争中的中立态度已经不复存在。1984年11月,美国还与伊拉克恢复了中断17年的外交关系。

---

[1] Michael Dobbs, "U. S. Had Key Role in Iraq Buildup", *The Washington Post*, December 30, 2002.

[2] Larry Everest, "1980 – 1988, Iran-Iraq: Helping Both Sides Lose the War", http://williambowles.info/wp-content/uploads/2011/03/51_30-31.pdf.(上网时间:2016年11月14日)

[3] John King, "Arming Iraq: A Chronology of U. S. Involvement", http://www.iranchamber.com/history/articles/arming_iraq.php.(上网时间:2016年11月16日)

美国在帮助伊拉克进行军事建设的同时还向其他国家施加压力，要求他们停止向伊朗出售武器。美国政府于1983年早些时候制定了一项名为"坚定行动"（Operation Staunch）的计划，呼吁各国政府为结束两伊战争的谈判做努力，实质是在全球范围内阻止伊朗获取武器，以及美国所制造武器的稀缺部件。美国不会向伊朗提供美国制造的艾布拉姆斯坦克（Abrams tanks）和F-16战斗机，但是里根政府意识到世界其他武器制造商，如土耳其等正在为其提供武器，尤其是法国和苏联正急于向伊朗出售装甲车、战斗机等其他武器。同时，英国和以色列也秘密地向伊朗出售大量美国武器。由于伊拉克人口只有伊朗的三分之一，兵力也有差距，开战前双方军事力量对比情况参见表2—1：

表2—1 开战前双方军事力量对比

国家	伊拉克	伊朗
陆军	19万人 预备役25万人 坦克2200辆 火炮3000门	正规军30万人 伊斯兰革命卫队9万人 预备役30万人 坦克1700辆 大炮1000门以上
海军	4000人 船只40多艘	2万人 船只80多艘
空军	2.8万人 450多架飞机 100架直升机	7万人 450多架战机 500架直升机

资料来源：https://wenku.baidu.com/view/56116f0403d8ce2f0066239b.html。

伊拉克必须以少胜多。是否拥有足够先进的武器和足以打击伊朗的数量成为萨达姆取得战争胜利的关键因素，必须以足够多的武器供应来弥补人力的不足。

第二章　战略过渡时期 (1979—1990)

伊拉克凭借苏联20世纪50年代制造的不精准导弹，发起了对伊朗的攻击，伊朗以同样的方式回击。萨达姆使用化学武器打击伊朗军队，伊朗则以同样的方式进行报复。1982年6月，萨达姆已经走到了失败的边缘，美国的中立政策开始向伊拉克倾斜，建设伊拉克成为美国的主要任务。美国为伊拉克提供的最重要支持就是武器，向其出售直升机和其他军事装备。两伊战争期间，伊拉克进口武器数量占全球的近12%[1]。为了达到建设伊拉克的这一目标，中央情报局在1982年7月建立了一个秘密机构，为巴格达提供敏感情报，包括"卫星图像、拦截的通讯内容以及美国中央情报局对伊朗薄弱环节的评估，这些信息都会转交伊拉克指挥官"[2]，目的是让萨达姆的军队更清晰地掌握战场情况。另外，美国政府还同意进行技术转移，目的是改善伊拉克的通信和运输条件，因为战争不仅仅需要武器，战时的通信和运输也发挥着极其重要的作用。美国允许伊拉克购买名义上为非军用的装备，但实际上具备军用功能，比如计算机、直升机、运输机以及重型卡车。同时，里根政府还同意给予伊拉克慷慨的贷款保证，以帮助伊拉克购买美国的农产品和其他商品[3]，为伊拉克提供充足的后勤保障。通过这些举措，里根政府直接支持了伊拉克的战争行动，1983年以来伊拉克在战争中的情况开始好转。

---

[1] Rachel Schmidt, "Global Arms Exports to Iraq, 1960 - 1990", CA: Rand Report, 1991, p. 12.

[2] SEYMOUR M. HERSH, "U. S. Secretly Gave Aid to Iraq Early in Its War Against Iran", *The New York Times*, January 26, 1992.

[3] Douglas Jehl, "Who Armed Iraq? Answers the West Didn't Want to Hear", *The New York Times*, July 18, 1993.

二、伊朗和伊拉克之间的"油轮战"

美国和其他国家对萨达姆的支持，使得伊拉克避免了彻底的失败。然而，这并不足以结束战争。战争持续了一年又一年，尽管伊朗遭受了巨大伤亡，但是仍然拒绝停火[①]。这期间伊拉克和伊朗进行了多次拉锯战，除了地面上的战争，海上的战斗也十分激烈。1981年5月伊拉克宣布，所有往返于波斯湾北部伊朗港口的船只都将受到袭击，用来执行任务的主要是"超黄蜂"（Super Frelon）直升机、"幻影"F-1（Mirage）战机和配备"飞鱼"（Exocet）反舰巡航导弹的米格-23战机[②]。1984年3月1日，萨达姆借助空军的相对优势发起了"油轮战"，大规模攻击通过波斯湾的船只，主要目的是阻止伊朗出口石油、禁止伊朗进口维持战争的有用物资、防止其他国家向伊朗提供援助。"油轮战"的爆发，立即引起了国际社会的广泛关注，因为波斯湾是世界最重要的石油运输线。伊朗和伊拉克在波斯湾攻击的船只数量参见表2—2：

表2—2 伊朗和伊拉克在波斯湾攻击的船只数量

国家	1981	1982	1983	1984	1985	1986	1987	合计
伊拉克	5	22	16	53	33	66	88	283
伊朗	0	0	0	18	14	45	91	168
合计	5	22	16	71	47	111	179	451

资料来源：https://www.usni.org/magazines/proceedings/1988-05/tanker-war.

[①] "Secondary Wars and Atrocities of the Twentieth Century", February 2012, http://www.necrometrics.com/20c300k.htm#iran-iraq.（上网时间：2015年3月5日）

[②] "Tanker War", https://www.strausscenter.org/hormuz/tanker-war.html.（上网时间：2015年4月3日）

第二章　战略过渡时期（1979—1990）

从1984到1987年，伊拉克的空军攻击了240艘冒险进入伊拉克宣称的"封锁区"的船只。伊朗虽然没有像伊拉克一样先进的武器，但仍然从1984年5月13日开始了反击，"一架伊朗F-4E战机袭击了驶离沙特海岸，开往英国的载重8万吨的科威特油轮，这次袭击事件标志着战争的重大升级"[1]。5月18日，伊朗又对一艘沙特油轮发起了攻击，在两伊战争期间伊朗共攻击了168艘船只。

1984年4月，里根总统命令国防部"审议战争进一步升级的可能性，并且要求军队做好准备，以应对美国在中东地区的国家利益突然受到攻击"[2]。伊朗和伊拉克之间的"油轮战"即使违反了卡特主义，即不得干扰"进出波斯湾船只的通行自由"的要求，但是部署在波斯湾的数艘美国军舰并没有进行干预。一方面，"油轮战"初期，双方都不具备击沉大型船只的武器和能力，伊朗和伊拉克的攻击造成的损失较小，伤亡数量也较少。当时的伊朗没有有效的反舰巡航导弹，只能对小型油轮发动攻击。另一方面，尽管"持续的袭击使伊朗的石油出口削减了一半，海湾地区的航运减少了25%，油轮的保险税率提高，通过海湾地区供应给世界的石油减缓"[3]，但是国际市场石油供应依然十分充足。1982年以来在持续高油价的刺激下，非"欧佩克"国家纷纷增加了石油产量，有效地保证了石油市场的供应。

由于科威特的船只在"油轮战"中频频受到袭击，1986年

---

[1] David B. Crist, "Gulf of Conflict: A History of U. S. – Iranian Confrontation at Sea", Policy Focus No. 95 of The Washington Institute for Near East Policy, June 2009, p. 1.

[2] Ronald Reagan, "NSDD 139 Measures to Improve U. S. Posture and Readiness to Respond to Developments in the Iran-Iraq War", National Security Decision Directives, April 5, 1984.

[3] "The Tanker War, 1984 – 87", U. S. Library of Congress, http://countrystudies.us/iraq/105.htm. （上网时间：2015年12月19日）

12月，科威特政府向美国和苏联寻求帮助，希望他们能为自己的油轮船队提供保护。苏联最先给予了科威特肯定的答复。美国最初担心这将导致冲突进一步升级，于是否决了科威特，但在得知苏联准备为其提供保护后，又不愿意让苏联取得主动权。用温伯格的话说，"不能让苏联取代我们，从而成为波斯湾的保护者"，里根政府于是在1987年4月同意了科威特的请求①。美国选择介入"油轮战"，首要原因是在冷战背景下美国遏制苏联的需要。同时，美国援助科威特有助于修复美国在阿拉伯国家受损的形象，美国因在之前的伊朗门事件中同德黑兰接触，受到了阿拉伯国家的指责②。1987年5月，科威特的11艘油轮悬挂了美国国旗，得到了美国军舰的保护③。美国允许科威特油轮悬挂美国国旗，意味着攻击科威特油轮就是直接攻击美国，标志着美国已经不再是"油轮战"的旁观者。

三、美伊之间的波斯湾海战

正当美国筹备对科威特油轮实施保护的时候，装备着最新武器已在波斯湾巡航三个月的"斯塔克"（USS Stark）号护卫舰莫名其妙地被伊拉克发射的导弹击中。1987年5月17日晚，美国一艘服役五年的小型护卫舰"斯塔克"号正在波斯湾执行巡逻任务。晚上9点左右，舰上的雷达系统发现伊拉克"幻影"F-1战机并向其发出了警告，但战机没有予以理睬，向"斯塔克"号发

---

① Caspar W. Weinberger, "A Report to Congress on Security Arrangements in the Persian Gulf", June 15, 1987, p. iii.

② David Crist, *The Twilight War: The Secret History of America's Thirty-Year Conflict with Iran*, New York: The Penguin Press, 2013, p. 213.

③ Glenn P. Hastedt, *Encyclopedia of American Foreign Policy*, New York: Facts On File, Inc. 2004, p. 282.

射了两枚飞鱼导弹。护卫舰没有时间做出有效防卫,两枚飞鱼导弹都命中目标。第一枚导弹没有爆炸,第二枚直接击中并且爆炸,在左舷造成了直径为4.6米的大洞。舰上的两百多名海军立即对火情进行控制,但火势迅速蔓延,海水很快渗入,船只烟雾弥漫。附近的两艘驱逐舰"科宁厄姆"(Conyngham)和"沃德尔"(Waddell)迅速赶往现场进行施救[1],带来医疗和灭火设备,搜寻落水人员,在救援人员的努力下,船只避免了沉没,被拖拽至巴林抢修,37名船员遇难,21人受伤。袭击事件发生后,萨达姆声称护卫舰偏离了中立水域,但又立即承认这是伊拉克的失误,战斗机飞行员误认为美国护卫舰"斯塔克"号是一艘前往伊朗的商船,是典型的误判。为了表达歉意,萨达姆亲自给里根总统写信并声称要对这一事件造成的损失给予赔偿。里根政府认可萨达姆的解释,并且认为真正的罪魁祸首是伊朗,正是因为伊朗将"油轮战"升级才导致了伊拉克的误判。国务卿舒尔茨也认为,正是因为"伊朗对石油自由运输和海上自由航行的威胁",才引发了"油轮战",导致对"斯塔克"号护卫舰的误击[2]。美国政府进一步同伊朗拉开距离,在公开场合谴责伊朗,萨达姆的战争演变成了美国的战争。"斯塔克"号袭击事件不是独立存在的,为美军的"挚诚意志行动"(Operation Earnest Will)等一系列事件埋下了伏笔[3]。

"斯塔克"号事件发生之后,美国和伊朗爆发冲突的可能性

---

[1] John H. Cushman, "Iraqi Missile Hits U. S. Navy Frigate in Persian Gulf", *The New York Times*, May 18, 1987.

[2] George P. Shultz, "Secretary's Letters to the Congress, May 20, 1987", Department of State Bulletin, July 1987, p. 61.

[3] Geoffrey S. Corn, Rachel E. VanLandingham, Shane R. Reeves, *U. S. Military Operations: Law, Policy, and Practice*, New York: Oxford University Press, 2016, p. 216.

加大。为了有效防止伊朗的袭击，美国对科威特油轮实施了二战以来最大规模的护航行动。7月21日，十余艘科威特油轮更换了船名，如"雷卡"（Al-Rekkah）号更名为"布里奇顿"（MV Bridgeton）号，在船尾悬挂起了美国国旗。7月22日，代号为"挚诚意志行动"（Operation Earnest Will）的护航行动开始了，除了美国海军舰艇外，参与此次任务的"还有特种作战司令部、新南威尔士特遣部队下面的海豹突击队和特种艇部队、第160特种作战航空兵团"①。在美国军队的严密保护下，"布里奇顿"号油轮从阿曼起锚驶向科威特。7月24日，当"布里奇顿"号油轮行进至波斯湾北部的法尔斯岛（Farsi Island）时，遭到了伊朗提前布置的水雷攻击。对于40万吨级的油轮来说，袭击造成的损伤并不算大。里根总统命令"挚诚意志行动"继续进行，护航行动暂时搁浅，全面清除伊朗布置的水雷②。国防部开始秘密地在波斯湾地区集结更多的作战部队，率先到达的是美国海豹突击队，随后是特种艇部队、第160特种作战航空兵团，以及三艘扫雷舰和善于夜间作战的MH-6和AH-6"小鸟"直升机。1987年8月初，在美国更严密的保护下护航行动继续进行，当时"美国在波斯湾或其附近有一艘航空母舰，一艘战舰，六艘巡洋舰，三艘驱逐舰，七艘护卫舰和众多配套的海军舰艇"③。9月21日晚，当飞行员报告伊朗"阿贾尔"（Ajr）号登陆舰偏离既定航道，驶向国际

---

① Jim Gray, "My Time in Operation Earnest Will", https：//ethoslive.wordpress.com/2015/04/28/my-time-in-operation-earnest-will/comment-page-1/. （上网时间：2016年10月9日）

② Spencer C. Tucker, *The Encyclopedia of Middle East Wars：The United States in the Persian Gulf, Afghanistan, and Iraq Conflicts* (Volume I A – D), California：ABC - CLIO, 2010, p. 396.

③ Stephen R. Shalom, "The United States and Iran-Iraq War 1980 – 1988", http：//www.iranchamber.com/history/articles/united_states_iran_iraq_war2.php. （上网时间：2016年11月15日）

水域,"正在投放疑似水雷的物体时,美国立即下令向其开火"[1]。经过美军的机枪射击和火箭攻击后,海豹突击队轻而易举地登船,逮捕了船上的船员,"发现了剩余的十枚水雷"[2]。美国随即宣布伊朗布雷的确凿证据,下令将"阿贾尔"号登陆舰击沉。

美国在执行"挚诚意志行动"过程中发生的"阿贾尔"号登陆舰事件有着重要的意义,不仅表明里根政府为保持波斯湾航行畅通做出了贡献,更加表明美国参与中东事务的主动性在加强。国防部长温伯格随即访问了中东,向阿拉伯领导人发出了一个明确的信号,即使面临与伊朗对抗的风险,美国仍然决心保持海湾的航行畅通。虽然美国此次军事行动的目的是为了保护石油通道的安全,但实际上却导致了美伊军事冲突的进一步升级。国防部长温伯格称,"我们希望这一事件能够警告伊朗停下来,但是这只是我们的良好愿望。"[3] 伊朗总统哈梅内伊在联合国大会的演讲中表示,"伊朗不会害怕美国的威胁,将会予以回击。"[4] 10月8日晚,四艘伊朗巡逻舰向美军开火,美军至少击沉了其中一艘,对另外两艘造成重创,海豹突击队迅速到达现场,逮捕了伊朗船员。10月16日,伊朗向悬挂美国国旗的科威特油轮"海岛城"(Sea Isle City)号发射了一枚"蚕"式导弹,造成6名船员遇难,16人受伤,船体被毁。美国中央司令部决定加大报复力度,发动代号为"灵敏射手作战"(Operation Nimble Archer)的军事行动,目标是伊朗的两座用于监视的海上石油平台,同时也是直升机、

---

[1] Paul Stillwell, *Reminiscences of Rear Admiral Harold J. BernsenU. S. navy (retired)*, Annapolis: Naval Institute Press, 2014, p. 20.

[2] Richard Halloran, "26 Iranians Seized With Mine Vessel; More U. S. Shooting", *The New York Times*, September 23, 1987.

[3] "Seized Iranian Ship Scuttled by U. S. Forces", *Los Angeles Times*, September 26, 1987.

[4] Uli Schmetzer, "U. S. To Blow Up Captured Iran Mine Ship", *Chicago Tribune*, September 26, 1987.

巡逻舰的停靠基地。10月19日,美国海军的4艘驱逐舰"霍尔"(Hoel)号、"基德"(Kidd)号、"莱夫特科威奇"(Leftwich)号、"约翰·扬"(John Young)号向石油平台瑞莎德(Rashadat)开火。美国军舰用上千发炮弹攻击这座石油平台,然后海军陆战队又登上了另一座,发现上面已空无一人,于是纵火将其点燃。作为对美国军事行动的反击,10月22日,伊朗向科威特码头发射了一枚"蚕"式导弹。11月1日,美国海军误袭了三艘民用渔船,因为美军认为是伊朗的巡逻艇[1]。

美国和伊朗经过一系列相互回击的军事行动后,冲突愈演愈烈。1988年4月14日,美国护卫舰"塞缪尔B.罗伯茨"(USS Samuel B. Roberts)号完成护航任务行经巴林的时候碰到了水雷,主引擎室被炸开了直径27米的窟窿,立即漫入了海水,瞬间黑烟滚滚。正在附近执行任务的直升机赶来救援,十名海军士兵受伤[2]。里根政府决定对周围海域展开大面积扫雷行动,海军找到的水雷与几个月前伊朗"阿贾尔"号登陆舰上发现的水雷序号相符[3]。这是伊朗第一次对美国军舰造成损害,成为美国加大卷入两伊战争的重要转折点。里根总统立即召开紧急会议讨论应对方案,副总统布什、国务卿舒尔茨、国防部长卡卢奇和参谋长联席会议主席威廉·克罗(William J. Crowe Jr.)建言献策[4]。最终,里根选择了削弱伊朗的海上行动能力,决定升级对伊朗的军事行

---

[1] Dimitrios P. Biller, "Policing the Persian Gulf: Protecting United States Interests and Freedom of Navigation through Military Force", *Loyola of Los Angeles International and Comparative Law Review*, Vol 1, Issue 1, 1989, p.174.

[2] William H. Taft IV, "Self-Defense and the Oil Platforms Decision", *Yale Journal of International Law*, Volume 29 Issue 2, 2004.

[3] "Operation Praying Mantis", http://www.navybook.com/no-higher-honor/timeline/operation-praying-mantis/. (上网时间:2016年12月7日)

[4] John H. Cushman Jr, "U.S. Finds 2 Mines Where Ship Was Damaged", *The New York Times*, April 16, 1988.

第二章　战略过渡时期（1979—1990）

动，于 4 月 17 日确定了"祈祷螳螂行动"（Operation Praying Mantis）方案。

"祈祷螳螂行动"旨在利用美国火力上的巨大优势，整体行动由三个水面战斗群布拉沃（Bravo）、查尔莱（Charlie）、德尔塔（Delta）共同完成[①]。4 月 18 日凌晨，布拉沃战斗群的驱逐舰向伊朗的"萨珊"（Sassan）石油平台开火。尽管萨珊石油平台装备了 ZSU-23 高射炮，但是其射程短，打不到美国军舰。当炮击停止后，即开战后约十分钟，水面战斗群查尔莱向"锡里"（Sirri）石油平台开火。伊朗的这两座石油平台位于波斯湾中部和南部，是袭击海湾地区航行船只的指挥和控制中心。开战后不久，伊朗就派出附近的空军和海军部队进行反击。伊朗导弹艇"约尚"（Joshan）号最先出发，向美军查尔莱战斗群的"温赖特"（Wainwright）号护卫舰发射了一枚"鱼叉"（harpoon）反舰导弹，但是未能击中目标。"约尚"号付出了惨重代价，"15 名船员遇难，29 名受伤"[②]，美国海军将"约尚"号彻底击沉。伊朗派出的 F-4"幻影"战机，也未能击中目标"温赖特"号。伊朗随即出动"萨汉德"（Sahand）号护卫舰，这是巴列维国王时期从英国购买的小型护卫舰。从"企业"（Enterprise）号航母起飞的美军 A-6 轰炸机重创"萨汉德"号舰艇之后，美国军舰又用炸弹和导弹轮番袭击了伊朗"萨汉德"号护卫舰，很快将其击沉海底，船员弃舰而逃。最后到达战场的是伊朗"萨巴兰"（Sabalan）号战舰，这是在波斯湾海域"油轮战"中立过战功的主要战舰。对于"萨巴兰"号的命运，美国参谋长联席会议主席威廉·

[①] Iain Ballantyne, *Strike From the Sea*, South Yorkshire: Pen & Sword Books Ltd, 2004, p. 65.

[②] Iain Ballantyne, *Strike From the Sea*, South Yorkshire: Pen & Sword Books Ltd, 2004, p. 65.

克罗海军上将早已给出了明确的指示,"将其击沉"①,完成这一任务的主要是德尔塔战斗群。美军对霍尔木兹海峡附近的"萨巴兰"号进行了多次攻击,这艘伊朗战舰尽管发射了两枚"鱼叉"导弹回击,但并未击中,很快"萨巴兰"号就瘫痪在海面上。

在这次持续 8 个多小时的军事行动中,伊朗的主要战斗力受到重创,美军赢得了战术上的绝对胜利,兑现了里根总统对于伊朗的攻击必将给予还击的承诺。"祈祷螳螂行动"是第二次世界大战以来美军最大的海上行动。在国防部长弗兰克·卢卡奇的同意下,参谋长联席会议主席威廉·克罗命令美军停止攻击。在"祈祷螳螂行动"中,伊朗海军大约有 60 人遇难,数百人受伤。美国的两名海军陆战队员也在该行动中遇难,但与战斗无关,因为其驾驶的武装直升机在波斯湾坠毁②。4 月 29 日,国防部长卡卢奇宣布,美军将保护通过海湾地区所有中立国的船只,不仅仅是悬挂美国国旗的科威特油轮。7 月 3 日,美国海军"文森斯"号(Vincennes)巡航舰在结束了与伊朗海军的交火后,在返航途中追踪到了从伊朗阿巴斯港(Bandar Abbas)飞往阿联酋迪拜的 655 号航班。"文森斯"号巡航舰检测到该航班已经偏离商用飞机的航线,正在下降,像是"进攻姿态",在确认这架飞机是伊朗 F-14 战机之后,舰长命令向其发射了两枚地对空导弹,击落了伊朗航空 655 号航班。实际上,这是一架空客 A300 型客机,机上 290 名乘客和机组人员全部遇难,无一生还。

里根总统发表声明,对伊朗 655 号航班逝去的生命表示遗憾,

---

① David Crist, *The Twilight War: the Secret History of America's Thirty-Year Conflict with Iran*, New York: The Penguin Press, 2013, p. 337.
② Thill Raghu, "Iran Air 655: Commander Carlson's Testimony", https://chomskyiteperspectives.com/2015/07/31/iran-air-655-commander-carlsons-testimony/. (上网时间:2016 年 3 月 1 日)

坚持舰长判断失误才造成了这场空难①。不论美国击落伊朗民航飞机是故意的，还是一场意外，空难发生后不久，1988年7月18日，伊朗最高领袖霍梅尼宣布接受联合国安理会1987年8月通过的第598号决议，同意与伊拉克签署停火协议。美国中央司令部摧毁伊朗战舰、击落伊朗民航飞机，这种不断升级的直接军事卷入，让伊朗认识到了美国参战的决心。美国的直接参战，虽然规模不大，但是象征性意义非常强，对伊朗最终决定退出战争发挥了关键作用②。

毫无疑问，美军在波斯湾海战中取得了完美胜利，直接达成自己的战略目标，维持其最高仲裁者的地位，迫使伊朗接受停战。但是，如果美国的目标是保护自己的阿拉伯国家盟友，维持中东战略格局的基本稳定，避免美国直接被拖入战争，那么波斯湾海战对美国而言就是一场完败。仅仅两年后，美国武装起来的伊拉克萨达姆政权，入侵了科威特，把美国拖入了一场更大的中东战争。总之，两伊战争是美国中东军事战略一个重要的中转站，推动美国走向一个重大尝试，即通过直接军事干预实现其地区霸权的战略目的。

小　结

这是一个变革的时代，这是一个过渡的时代，这是一个由离岸平衡向大规模干预转变的时代。1979年，埃及和以色列签署了和平协议、伊朗伊斯兰革命，这两个重要事件改变了中东地区的

---

① Richard Halloran, "The Downing of Flight 655: U. S. Downs Iran Airliner Mistaken for F－14; 290 Reported Dead; A Tragedy, Reagan Says; Action is Defended", *The New York Times*, July 4, 1988.

② Gregory F. Gause, *The International Relations of the Persian Gulf*, New York: Cambridge University Press, 2010, pp. 81－85.

局势，同时也撼动了美国在中东的军事同盟体系。随着石油国有化的推进，石油市场已经走向了多极化的时代。"卡特主义"的提出表明美国要直接军事介入中东地区，是后来形成的大规模干预战略的第一个信号。

1983年，美国海军陆战队在黎巴嫩遭受袭击后，对于海军陆战队的去留问题，美国政府内部产生了严重的分歧。放弃对袭击者的报复，不直接卷入中东战争，保持原有的离岸平衡还是突破传统路径，成为了决策者的难题。最终，保持传统路径的力量相对较强，美国并没有对袭击者进行军事打击，而是全面撤出了在黎巴嫩的海军陆战队。到了两伊战争后期，突破传统路径的力量进一步加强。面对伊拉克和伊朗的"油轮战"，美国对伊朗发动了"祈祷螳螂行动"，这是美国在中东由离岸平衡军事战略转向大规模介入军事战略的重要过渡，标志着一个新时代的到来。

第三章

大规模干预战略时期
（1990—2011）

20世纪80年代，美国曾尝试直接参与中东战争。在黎巴嫩事件中，美国遭遇挫折后迅速撤军，果断中止了陷入其中的可能性。在两伊战争中，美国同伊朗展开小规模的、有限度的海战，快速取得了胜利，完成了使命。总体而言，这一时期美国中东军事战略仍然十分谨慎，其行为介于离岸平衡与大规模干预之间，处在新旧交替的时代。美国是介入了，但是并没有完全介入。然而，以1991年第一次海湾战争为分界线，美国完全抛弃传统的离岸平衡战略，直接大规模干预中东事务。美国中东军事战略进入一个新时代，形成了新的路径。从第一次海湾战争的决策过程可以看出，支持改变路径的力量大大超过反对者，反对美国出兵海湾的力量微乎其微。

第一节 世界新秩序的构想

冷战结束，是20世纪90年代最重要的国际事件，甚至是第二次世界大战结束以来最具影响力的国际事件。这件事对美国全球军事战略、美国中东军事战略的影响和冲击是实质性的。在整个冷战时期，尽管美国在中东的利益是多样的、多元的，包括石油利益、盟国安全、航运自由等，但是对于每一项利益、每一个事件，美国都在通过美苏竞争的视角来评估。因为冷战是决定美国全球战略最重要的结构性因素，美苏竞争是美国面临的首要矛盾，其他矛盾都要服从和服务于这个首要矛盾。具体到美国在中东的军事战略，美国的首要目标是防止苏联在该地区扩大影响力。在冷战时期，美国组建巴格达条约组织、同以色列结成军事同盟、涉入黎巴嫩事件、卷入两伊战争等军事行动，在选择介入的方式和力度时，美国都要考虑苏联因素。因为有苏联的影响在中东，美国既要遏制苏联，又不能激化同苏联的矛盾，因此总体来看美国采取了相对超脱的离岸平衡战略，即使在不得不卷入时，美国也相当谨慎。苏联的解体标志着美苏长期对峙的世界政治格局已经被颠覆。1992年国防部长切尼向国会提交的《国防报告》中，明确了美国战略重点已不再是对付苏联的全球性威胁。冷战的结束给予美国自20世纪40年代以来四十多年从未享受过的"自由行动"权力，而"自由行动"在军事领域更加重要。冷战后的美国已经拥有更强大的军事实力、更灵活的军事部署。

一、冷战后美国面临的新格局

在石油问题上，美国和中东的利益再一次绑定。1986年后国际石油市场又在经历一场大变革，油价持续低迷，回到了1973年石油危机后的油价水平。自从20世纪70年代中东国家实施石油国有化后，西方公司开始战略转移，逐步在中东之外的地方投资石油产业。然而，1986年石油危机后，中东石油生产国和西方石油公司同时陷入了困境。对于中东石油生产国而言，由于石油价格下跌，利润空间大大缩小，在吸引新的投资、技术方面面临巨大压力，迫切需要新的资金和技术。对于西方石油公司而言，由于石油价格下降，中东之外石油开采的成本太高，希望重新回到低成本的中东市场。国际石油市场经过1973年的危机后，近20年的整合与调整，探索出只有同时掌握石油上游生产和下游生产，把勘探、开采、冶炼、运输、销售融为一体的公司才具有国际竞争力。中东国家的国有石油公司掌握着大量的油田，却缺乏资金和下游生产的技术和设备；而西方石油公司拥有后者，却没有可供勘察和开采的油气资源，双方联手是大势所趋。事隔30年，在石油问题上美国同中东国家的利益再次高度重合。中东国家在石油国有化过程中，曾经想尽各种办法把西方石油公司赶出去，现在又想请进来建立完整的产业链。

美国与中东地区石油利益的紧密相连，促进了美国与中东之间在经济领域的联系。同20世纪80年代相比，90年代美国经济利益同中东阿拉伯石油生产国密切相关。在中东产油国中，沙特、阿联酋和科威特是一个阵营，伊朗、伊拉克是另外一个阵营，尽管在政治和军事领域伊朗和伊拉克是对手和敌人。沙特阵营要求维持油价稳定，追求长期稳定的石油利益，因为这些国家油多人少，财政状况好，可以放眼长远。相反，伊朗、伊拉克人口基数大，特别是经过两伊战争长达八年的拖累，迫切要求短时期内大幅提高油价，以便还清外债、振兴经济、提高人民生活水平，维护执政地位。因此，在石油问题上中东国家分为相互敌对的两个阵营。在这两个阵营中，美国恰恰在政治、经济和军事上都同沙特阵营利益高度重合。沙特和科威特不仅向西方国家出口石油，而且其经济已经同美国等西方国家整合为一体，坐在了一条船上。美国把大量的技术和人员投入到这两个国家，这两个国家则将获得的大量石油美元再投资到西方。科威特主要投资美国的实体公司，在大公司中持有股票。当时，科威特持有的股票收益已经超过销售石油的收入。沙特则主要投资银行业、购买政府债券。同时，沙特和科威特还通过直接购买西方的石油公司、炼油厂、加油站等投资行为，不仅直接拥有了石油的上中下游产业，还使自己同西方工业市场融为一体。

在两伊战争中，由于伊拉克势力相对薄弱，美国对伊拉克的军事支持力度加大，最终发展到直接对伊朗发动军事打击。美国扩大两伊战争的军事干预，对海湾地区的战略平衡产生了新的影响。战争期间，伊拉克从美国、阿拉伯国家手中得到了大量武器、技术和资金，一方面这使伊拉克成为中东的一个军事强国，另一方面让伊拉克欠下了大量外债。1980—1989 年，伊拉克的军购就达 547 亿美元，战后伊拉克面临以高利率偿还 350—450 亿美元的短期债务[①]。两伊战争结束后的伊拉克，经济处在崩溃边缘。从 1980 年拥有 350 亿美元外汇储备，到战后负债 800 亿美元[②]，萨达姆能否继续执政取决于伊拉克经济形势。但是，阿拉伯国家不仅频频要求伊拉克偿还贷款，而且还过量生产石油，使国际油价低迷，这让伊拉克的经济雪上加霜。当时，由于国际油价低迷，"欧佩克"实施限产政策，给予每个国家固定的生产配额。但是，一些国家为了增加收入，往往秘密增产。据伊拉克指证，阿联酋、科特威的产量大大高于自己的配额，压低了国际油价，损害了伊拉克的利益。1989 年伊拉克的石油收入约 190 亿美元，科威特的石油销售额约 120 亿美元[③]。如果伊拉克能够控制科威特的石油，就能够把科威特的产量从国际石油市场上拿掉，让国际油价快速上涨。"80 年代石油销售占伊拉克对外出口收入的

[①] "Iraq Economic Data（1989 – 2003）", https：//www.cia.gov/library/reports/general-reports-1/iraq_ wmd_ 2004/chap2_ annxD. html.（上网时间：2016 年 1 月 2 日）

[②] David D. Caron, "The Reconstruction of Iraq: Dealing with Debt", Report of Berkeley Law Scholarship Repository, 2004, p. 131.

[③] Daryl G. Press, *Calculating Credibility: How Leaders Assess Military Threats*, New York: Cornell University Press, 2005, p. 172.

98%"①，1990年由于限产和制裁等原因，伊拉克石油收入大幅减少。可见，同科威特不一样，两伊战争后增加石油收入对于伊拉克来说至关重要。科威特持续增加石油产量等做法进一步威胁到伊拉克已经不景气的经济。

最初，面对伊拉克入侵科威特的风险，美国似乎没有意愿阻止。1990年7月，伊拉克在对石油减产、取消债务、领土纠纷等问题与科威特谈判未如愿后，开始通过各种渠道探听美国对于其入侵科威特的反应，美国没有给予明确反对的信号，使伊拉克误认为美国是默许。当时，伊拉克梦想将国际油价推到每桶22—25美元②，这种价格似乎是美国可以接受的，不会严重损害美国的利益。为了保证西方经济增长，美国作为冷战后唯一的霸权国家，有责任、有义务保证石油以合理的价格流向国际市场。不仅美国经济依赖中东石油，美国的盟友欧洲和日本的依赖程度更高，中东占美国全部石油进口的28%，占欧洲的29%，占日本的59%③。一方面，美国要保持石油低价，以利于依赖石油进口的盟友的工业发展；另一方面，美国想要保持石油一定的高价，让刚刚从中东转向西方开采石油的西方石油公司有一定的国际竞争力。也就是说，美国要在西方的石油消费者和石油生产者之间维持平衡。因此，石油价格微幅上涨，并不会与美国的国家利益相冲突。但是如果伊拉克持续推高国际油价，美国就得开始担忧对沙特、科威特等中东盟国的破坏性影响。沙特本来是世界上最大的石油生产调节国，但是若伊拉克占领科威特，把科威特的石油

---

① Taylor & Francis Group, *The Middle East and North Africa* 2004 (50th Edition), London and New York: Europa Publications, 2004, p. 489.

② Paul Aarts, Michael Renner, "Oil and the Gulf War", http://www.merip.org/mer/mer171/oil-gulf-war. (上网时间：2016年8月3日)

③ Paul Aarts, Michael Renner, "Oil and the Gulf War", http://www.merip.org/mer/mer171/oil-gulf-war. (上网时间：2016年8月3日)

据为己有，伊拉克的调节能力就会大大上升，沙特的战略地位相应下降。伊拉克控制科威特后，若继续南下控制了沙特，伊拉克一个国家就可以控制和影响全球的石油能源格局，这是美国不能容忍的①。

二、"世界新秩序"的提出

乔治·赫伯特·沃克·布什（以下称作布什）于1989年1月20日担任美国总统后，任命布伦特·斯考克罗夫特（Brent Scowcroft）为国家安全事务助理、詹姆斯·贝克（James Baker）为国务卿、迪克·切尼（Dick Cheney）为国防部长、柯林·鲍威尔（Colin Powell）为参谋长联席会议主席、罗伯特·盖茨（Robert Gates）为中央情报局局长，这些人员共同构成了布什国家安全团队的核心。当年里根入主白宫时，苏联在国际格局中处于攻势，美国属于守势。但布什当选总统后，国际形势发生重大变化，苏联处在崩溃的边缘，美国面临的国内国际形势均有极大好转。布什的国家安全团队希望最大程度地利用这一战略机遇期，塑造有利于美国的国际新格局。

美国总统布什于1990年9月11日正式提出了"世界新秩序"（New World Order），概述了他对世界应该如何运行和发展的构想。主要内容包括以下两点②：（1）建立一个"稳定而安全"的世界，一方面巩固遏制的成果，保持同苏联抗衡的军事力量，另一方面有效地应付地区冲突以及诸如环境污染、武器扩散、毒品

---

① Lawrence Freedman and Efraim Karsh, *The Gulf Conflict*, 1990-1991: *Diplomacy and War in the New World Order*, New Jersey: Princeton University Press, 1993, p. 74, p. 76, p. 180, pp. 214-215.

② "世界新秩序"，http://cpc.people.com.cn/GB/134999/135000/8109767.html.（上网时间：2016年9月10日）

走私、恐怖主义、全球经济等超越国界的问题；（2）按照美国的价值观，在全球巩固和推进"自由"与"民主"，促进"政治多元化"和"自由市场经济"。为实现以上目标，美国要充当领导角色；以联盟为基础，协调联盟各国的集体行动，共同分担责任；争取美苏合作，建立美苏合作体制；以军事力量为后盾，确保美国在世界各地的利益；维护地区稳定；发挥国际组织，特别是联合国的作用。

冷战的结束、伊拉克与科威特矛盾的激化，这两个事件进一步催化了"世界新秩序"概念的发展。苏联解体标志着两极格局的结束，世界由两强争霸进入了一家独霸的时期，同时也意味着二战后建立起来的雅尔塔体系已经彻底瓦解，国际社会迫切需要美国承担更大的责任，扮演领导者的角色。当时美国中东军事战略面临的外部环境发生了重大变化，最突出的矛盾就是伊拉克与科威特的冲突。1990年8月，伊拉克入侵科威特时，苏联还没有解体，正处在崩溃的前夜，但是已经没有从前的国际影响力了，美国实际上已经开始了独霸的时代。从1990年夏至1991年3月布什总统至少42次提及"世界新秩序"，国防部长切尼提出了三点发动海湾战争的优先考虑事项：防止侵略扩张、保护石油供应、提供"世界新秩序"[1]。

在"世界新秩序"下，美国成为唯一的全球领袖，美国承担的责任和义务大大增加，从维护世界和平到意识形态领袖，都是美国的新任务，美国开始进入世界警察时代。缺乏势均力敌的竞争对手制约，又怀着"世界新秩序"的梦想，美国全球军事战略进入极具进攻性的时代是不可避免的。现在，美国要通过"世界新秩序"的视角来看待中东的一切问题。布什既想摆脱冷战的羁

---

[1] Heinz Duthel, *The Trilateral Commission and the New World Order*, IAC Society, 2010, p. 150.

绊，也想走出越南战争的阴影。

第二节 海湾战争的决策过程

20世纪90年代，国际格局、石油利益、中东地区政治结构、美国在中东的军事行动能力等情况都发生了重大变化，不断推动美国加大对中东局势的直接干预力度。两伊战争后期，美国就积极支持、武装伊拉克，战争结束时给美国留下了意想不到的遗产：一个军事上特别强大，经济上特别"饥饿"的伊拉克。由于石油、债务、领土等问题，1990年7月开始，伊拉克和科威特的矛盾不断激化，到了白热化程度，海湾局势剑拔弩张。如何使中东战略格局重新回到相对平衡的状态已经成为美国亟待解决的问题。美国作为世界唯一的超级大国，为了建立一个"稳定而安全"的中东，必须亲自介入，对其实施战略再平衡，限制伊拉克的进攻态势。当时"国家利益论""中东形势复杂论"所关注的变量，都支持美国出兵海湾。正是这种一边倒的形势，促使布什政府决定性地改变原有路径，首次在中东采取直接的、大规模的军事干预战略。

一、伊拉克入侵科威特

在两伊战争期间，里根政府支持伊拉克的萨达姆政权，国防部长拉姆斯菲尔德作为总统的私人代表曾多次访问巴格达，同萨达姆讨论军事合作计划。布什总统入主白宫后，签署了一份秘密文件，希望同伊拉克继续保持良好关系。然而，1990年8月2日，伊拉克对科威特的大举入侵，给了美国一个措手不及。其实早在7月16日美国情报部门就获悉，伊拉克共和国卫队的一个旅已经进入伊拉克南部，毗邻科威特的北部边界①。7月18日，又有三个旅被发现移动到了相同的地点②。在接下来的日子里，越来越多的部队正在不断集结。参谋长联席会议主席鲍威尔、美军驻波斯湾的司令希尔伯特·诺曼·施瓦茨科普夫（Norman Schwarzkopf），不断向布什总统报告，萨达姆正在伊拉克和科威特的边境大规模部署军队。当时的布什总统并不是太在意这一消息，同布伦特·斯考克罗夫特一样，他认为萨达姆只是想恐吓科威特。历史上，萨达姆曾经多次威胁要将科威特并入伊拉克，声称科威特是伊拉克的一个省。此次，萨达姆大规模部署军队，可能是想迫使科威特让出一部分油田、港口或是岛屿，为走投无路的伊拉克经济发展寻求出路。

7月25日，萨达姆突然召见美国驻伊拉克大使阿普里尔·格拉斯皮（April Glaspie）。在同阿普里尔·格拉斯皮会谈期间，萨达姆多次承诺伊拉克无意入侵科威特。阿普里尔·格拉斯皮也向萨达姆表达了布什总统希望加强与伊拉克关系的愿望。阿普里尔·格拉斯皮还重复了美国的一贯立场："我们对阿拉伯国家之间的冲突不持有立场，美国在伊拉克与科威特的争端中也没有立场。"③后来事件的发展表明，萨达姆与阿普里尔·格拉斯皮的这次会谈极为重要，萨达姆实质上是在试探美国的态度。阿普里尔·格拉斯皮并不是说美国在这件事情上没有利害关系，而只是想表明美国的中立立场。但是在萨达姆看来，美国即使不是给自己开了绿灯，也是为其开了黄灯。在此后的几天内，伊拉克大规模增兵科威特边境地区，坦克部队、后勤部队陆续到位。

---

① Michael R. Gordon and Bernard L. Trainor, *The Generals' War: The Inside Story of the Conflict in the Gulf*, Boston: Little, Brown and Company, 1995, p. 4.

② Michael R. Gordon and Bernard L. Trainor, *The Generals' War: The Inside Story of the Conflict in the Gulf*, Boston: Little, Brown and Company, 1995, p. 31.

③ Richard Alan Schwartz, *The 1990s*, New York: Facts on File, 2006, p. 54.

鲍威尔和施瓦茨科普夫再次发出警告，他们认为伊拉克已经做好了入侵科威特的准备，甚至还可能继续南下攻打沙特。8月2日，萨达姆派出10万伊拉克军队、700辆坦克、成百上千架飞机全面进攻科威特，拉开了第一次海湾战争的序幕。布什总统谴责伊拉克是赤裸裸的侵略[1]，并于当天立即召开国家安全委员会会议。会上介绍了科威特境内伊拉克军队的情况，国家安全委员会成员集中讨论了入侵事件的后续影响，包括石油运输、油价调整、国际金融市场、阿拉伯国家的反应、以色列和阿拉伯邻国的关系等问题。与会者普遍认为后果是可控制的、可预测的，美国没有必要采取紧急军事措施。这次国家安全委员会决定，美国应该在联合国安理会提出议案，谴责伊拉克的入侵行为，对其实施制裁。在后来的事态发展中，联合国安理会先后通过12个谴责伊拉克的决议案。在会议结束后，布什总统接受媒体采访，有记者询问美国是否会考虑出兵中东，布什回答："我们没有这样的计划，我们甚至没有讨论这件事。"[2] 在布什看来，当时的形势并不明朗，入侵事件刚刚开始，萨达姆到底想占领整个科威特还是想占领一部分领土？或者萨达姆是否打算控制沙特的石油以切断西方的能源供应？这些问题都还没有明确的答案。当时的美国认为伊拉克只是想占领科威特边界地区及控制进入伊拉克乌姆卡斯尔港（Um Qasr）的沃尔拜岛（Warba）和布比延岛（Bubiyan），用于与科威特讨价还价，而不是真正的军事袭击，但是伊拉克在入

---

[1] John Mueller, *Policy and Opinion in the Gulf War*, Chicago: The University of Chicago Press, 1994, p. 15.

[2] Herbert S. Parmet, *George Bush: The Life of a Lone Star Yankee*, New Brunswick: Transaction Publishers, 2001, p. 349.

侵科威特几小时内就控制了科威特全境①。科威特埃米尔王宫也被攻下,国王和皇室主要成员仓皇逃往沙特。

二、美苏发表联合声明

尽管苏联这一超级大国正在迅速衰落,但是对于布什试图构建的"世界新秩序"来说,美苏合作依然十分重要。一直以来苏联都是萨达姆的保护者和支持者,不仅体现在外交政策上,而且在武器销售等问题上。从1986年到1990年,伊拉克是苏联武器的第三大消费国,这五年中从苏联进口的武器总价值就达103亿美元②。与此同时,苏联还派大量武器专家到伊拉克为其提供军事服务。伊拉克是苏联在中东的支柱,所以萨达姆极有可能向苏联求助,阻挠戈尔巴乔夫与布什的谈判。事实上,在一两年前萨达姆就希望得到苏联的全面支持。8月2日,在伊拉克入侵科威特当天联合国安理会第660号决议的表决中苏联投了赞成票。8月3日,萨达姆入侵科威特不到48小时,苏联和美国发表联合声明,严厉谴责萨达姆的入侵行为,要求萨达姆立即无条件地撤出科威特。这是二战以来,美国和苏联第一次在同一个问题上结成盟友。显然,苏联已经不再支持伊拉克,美苏竞争的两极格局在中东已经结束,伊拉克再也不能在美苏之间玩弄权力平衡的游戏。

美苏联合声明是美国的一项重大外交成就,也是美国国务卿贝克同苏联领导人密切会晤的成果。7月25日,贝克离开华盛顿

---

① F. Gregory Gause, "Iraq and the Gulf War: Decision-Making in Baghdad", https://www.files.ethz.ch/isn/6844/doc_6846_290_en.pdf.(上网时间:2016年12月8日)

② Darryl C. Thomas, *The Theory and Practice of Third World Solidarity*, Westport: Praeger Publishers, 2001, p.197.

时根本没有意识到中东正在面临一场严重的危机。贝克此行的目的是为了加强与苏联的外交关系，磋商与苏联的战略合作，将在苏联的东西伯利亚城市伊尔库茨克（Irkutsk）会见苏联外长谢瓦尔德纳泽（Shevardnadze）。8月1日，当他抵达伊尔库茨克时已经听到了伊拉克军队异动的消息。8月2日，伊拉克军队全面入侵科威特。贝克在与谢瓦尔德纳泽会面时，要求苏联向萨达姆施加压力，阻止伊拉克进一步的军事行动。当时贝克和谢瓦尔德纳泽都没有得到伊拉克已经入侵科威特的准确消息。当他们两人准备召开新闻发布会时，贝克已经得到可靠情报，伊拉克已经到达科威特边境。贝克立即要求谢瓦尔德纳泽停止对伊拉克的武器供应，并且同美国发表联合声明谴责伊拉克的侵略行为。谢瓦尔德纳泽知道自己不能擅做主张，他必须向戈尔巴乔夫汇报。谢瓦尔德纳泽启程赶赴莫斯科，贝克则转道蒙古返回华盛顿。

  贝克的两名助手丹尼斯·罗斯（Dennis Ross）和罗伯特·佐利克（Robert Zoellick）搭乘谢瓦尔德纳泽的飞机赶赴莫斯科，他们决定先在莫斯科和苏联人谈判，劝说他们同美国发表联合声明。如果谈判能够取得进展，他们将立即通知贝克改变行程，返回莫斯科。他们见到了谢瓦尔德纳泽的助手并就联合声明一事得到了苏联人的积极回应。谢瓦尔德纳泽同意在机场与贝克举行会谈，共同发表联合声明。与此同时，布什总统在白宫展开了密集的电话外交，先后向埃及总统穆巴拉克、约旦国王侯赛因寻求支持，当他得知谢瓦尔德纳泽有意商谈联合声明时，他立即命令贝克改变行程，飞往莫斯科。在美国采取军事行动前，美苏联合声明具有非常重要的意义。美苏联合声明既象征着两个超级大国之间的新型战略关系，也有利于推动阿拉伯国家团结一致共同反对萨达姆，但是贝克也意识到，他的莫斯科之行也存在一定风险。如果他不能与苏联达成联合声明就会向萨达姆发出一个错误的信号，同时，如果他不冒这个风险，就不会有联合声明。当贝克在赶往莫斯科的飞机上时,两名助手和苏联人正就联合声明的具体内容进行紧急磋商。美国人先拿出了自己的联合声明版本,将伊拉克的入侵行为描述为残酷的、非法的,要求立即实施武器禁运,并且指出国际社会不会容许这种侵略行为。几个小时之后,苏联也拿出了自己的联合声明版本,语气比较温和,并且删除了武器禁运的条款,同时,苏联人也不同意在联合声明中写入联合国将采取进一步行动的内容。当贝克抵达莫斯科伏努科沃(Vnukovo)机场时,谢瓦尔德纳泽已经在那里等候。谢瓦尔德纳泽的出现表明,苏联准备接受美国的联合声明版本。在贝克抵达候机楼之前,两名助手已经向其汇报了关于武器禁运的事情,谢瓦尔德纳泽和贝克在机场会谈了90分钟,最终就联合声明的具体内容达成了一致意见。谢瓦尔德纳泽告诉贝克,戈尔巴乔夫已经给萨达姆写了一封信,要求萨达姆立刻撤出科威特,但是没有收到回信。

  苏联原则上同意发表联合声明,但是有两点担忧:一是800名苏联人驻扎在伊拉克,900名驻扎在科威特,他们的安全可能会受到威胁;二是苏联抛弃萨达姆,可能让苏联在中东的其他盟国感到不安。最终苏联人经过反复商榷后决定在联合声明中保留武器禁运的条款。在美苏的联合声明中主要包括以下内容[①]:"共同呼吁国际社会与美苏一道,切断对伊拉克的所有武器供应;呼吁联合国安理会及时果断地谴责伊拉克军队对科威特的野蛮和非法入侵;呼吁地区组织,特别是阿拉伯国家联盟,所有阿拉伯国家政府采取一切可能的措施,确保联合国安理会的决议执行;进行公然侵略的政府必须知道,国际社会不能也不会默许侵略,更不会任其发展下去。"事后贝克才知道谢瓦尔德纳泽独自决定保

---

① Bill Keller, "The Iraqi Invasion; Moscow Joins U.S. in Criticizing Iraq", *The New York Times*, August 4, 1990.

留武器禁运的条款,他认为同意美国的要求是苏联当时的不二选择,并没有询问戈尔巴乔夫的意见。美苏联合声明具有重要的战略意义,这次两个超级大国在重大国际问题上,站在了同一立场。从这个意义上讲,美苏冷战此时已经在中东结束。

三、美国驻军沙特

8月3日,伊拉克的部队继续南下到达科威特南部城市,逼近沙特边界,美国迅速中止了与伊拉克的贸易,冻结了其资产,派航母到达波斯湾[①]。布什再一次召开国家安全委员会会议讨论伊拉克问题。在这次会议上斯考克罗夫特认为,伊拉克入侵科威特属于国家核心利益,美国应当做出明确、果断、直接的反应。当时一个重大的问题是,萨达姆会停留在科威特境内还是继续入侵沙特。如果伊拉克控制了科威特和沙特的石油,就相当于控制了全世界1/5的石油储备。实际上,沙特成为问题的关键,保护沙特的石油是美国的核心利益,关系到美国经济的独立性。第二天,布什再次在戴维营召开国家安全委员会会议,这次会议的主题是美国的军事方案。会后,国防部长切尼和国家安全事务助理斯考克罗夫特紧急召见沙特驻美国大使班达尔(Bandar)。切尼首先向班达尔通报了美国掌握的情报,特别是伊拉克军队部署的情况,然后表示美国希望帮助沙特防御伊拉克的入侵,最后要求沙特容许美国在沙特驻扎大规模军队。班达尔对此表示高度怀疑,他不相信美国有决心介入中东战争。早在1979年伊朗革命发生后,沙特曾经请求美国给予军事支援。卡特派出10架F-15战

[①] Jerome McDuffie, Gary Piggrem, Steven E. Woodworth, *United States History: The Best Test Preparation for the Advanced Placement Examination*, Research & Education Association, 2006, p. 228.

斗机入驻沙特，随后却宣布这些战斗机没有携带武器，沙特人感到被美国公开羞辱。切尼一再向班达尔强调美国这次是认真的，马上就可以在沙特部署10万军队。随后，班达尔在会见国家安全事务助理斯考克罗夫特时再次强调，沙特国王法赫德（Fahd）并不信任美国，担心美国最终会撤离，丢下沙特不管。斯考克罗夫特一再强调："这样的事情不会发生，我们是认真的，我们是绝对认真的，我们只想知道你们是不是认真的。"①

现在是参谋长联席会议主席鲍威尔需要思考的时候了，美国似乎已经走到了在中东发动战争的边缘。回忆起越南战争，他相信："如果美国想要派出部队，那就欠部队、欠美国人民一个成功的希望，所以必须有一个清晰的政治目标，然后将部队派到那里，知道什么时候能够完成使命，并将主动权握在手上"②，表明政治立场、部署必要的兵力、取得战争的胜利、安排好撤离、成功返回。但是在8月2日和3日的国家安全委员会会议上，参谋长联席会议主席鲍威尔提出，美国需要清晰的政治目标，切尼却告诉他："你只有军事部署的权力，不要充当国务卿、国防部长或国家安全事务助理，你只负责军事部署。"③ 鲍威尔后来回忆道："我想到了1983年的黎巴嫩事件，那是一场恐怖的战争，我们将部队派到那里，却并不明白我们要完成怎样的目标，说成交叉的部队（Interpositional Force）可能比较准确。突然有人袭击海军陆战队，政治家说开火，他们就进行回击。这不是军事判断，是政治判断，这让人们变得非常疯狂。在机场的海军陆战队队员

---

① Scowcroft, Interview, PBS *Frontline*, http://www.pbs.org/wgbh/pages/frontline/gulf/oral/scowcroft/1.html.（上网时间：2016年11月20日）
② Powell, Interview, PBS *Frontline*, http://www.pbs.org/wgbh/pages/frontline/gulf/oral/powell/1.html.（上网时间：2016年12月6日）
③ Powell, Interview, PBS *Frontline*, http://www.pbs.org/wgbh/pages/frontline/gulf/oral/powell/1.html.（上网时间：2016年12月6日）

没有明确的目标、毫无防备。我得出这样的结论，这是导致240名海军陆战队员死亡的原因，这件事在我脑海中一直徘徊。"①

从越南战争和黎巴嫩事件的历史教训中，鲍威尔认识到制定军事战略的前提是知晓自己的政治目标。在海湾战争的整个决策过程中，鲍威尔反复强调，如果美国想参加战斗，必须有一个清晰的政治目标，然后部署相应的兵力，这样才能取得胜利，这才是他应尽的职责，而不是像切尼所要求的那样仅仅做好军事部署，他希望能够帮助总统和国防部长确立清晰的政治目标。作为参谋长联席会议主席，他认为自己应该是美国总统的军事顾问。于是，在这次决策过程中他继续追问美国的政治目标是什么？美国要确保的国家利益是什么？

8月4日，布什再次在戴维营召开会议，他的政治顾问坐一边，军事顾问坐一边，会议很快就开始讨论沙特的防御问题。因为科威特已经在萨达姆的掌心，埃米尔王朝已经被推翻，沙特的安全问题迫在眉睫。鲍威尔回忆道："会上有很多反对意见，他们质疑沙特能否接受我们的军队，切尼已经和班达尔会过面，并提出了派出10万军队的意见，但是班达尔却认为我们在开玩笑。在伊拉克入侵科威特刚刚过去36小时，向班达尔表明我们希望派出10万军队的选择确实有些武断。"② 布什在8月4日的会议上没有表态，他需要首先确定沙特是否接受这10万部队。

会后，国防部长切尼、美军驻波斯湾司令施瓦茨科普夫和其他国防部高官前往利雅得，说服沙特国王接受10万军队。布什派国防部长切尼去沙特，是为了表达对这件事的重视程度。到达后，施瓦茨科普夫就立即向国王阐述了美国的军事战略。紧接

---

① Powell, Interview, PBS *Frontline*, http://www.pbs.org/wgbh/pages/frontline/gulf/oral/powell/1.html.（上网时间：2016年12月6日）

② Powell, Interview, PBS *Frontline*, http://www.pbs.org/wgbh/pages/frontline/gulf/oral/powell/1.html.（上网时间：2016年12月6日）

着，切尼给出了三点承诺：一是美国希望为沙特提供军事防御；二是美国打算根据形势，需要待多久就待多久；三是如果需要撤离，美国立即撤出全面部队，美国不会在沙特留有驻军。沙特国王看到美国拍摄的伊拉克部署在沙特边境的坦克，一些已经快要跨过边境。沙特国王和相关人员进行了短暂而激烈的辩论后，同意了美国的方案。随后，沙特国防部长询问美国第一批部队何时可以到达，美国表示12小时之内就可以。施瓦茨科普夫担心萨达姆抄近道到沙特，不仅攻占油田，还将占领巴林、卡塔尔、阿联酋，这些地区的军事抵抗力都比较薄弱。于是8月7日切尼一回到美国就向布什报告了与沙特国王的会谈情况，布什当即签署了部署战斗部队的"沙漠盾牌"行动计划。鲍威尔立即下令调动部队，这是二战以来最集中、最复杂的美军力量投放，包括两个F-15战机中队、驻扎在迪戈加西亚岛和关岛的两个海军中队、两个航母战斗群、第82空降师的一个旅等[①]。3个月后，美军驻扎在沙特的部队已经达到25万。

四、美国取得行动授权

（一）联合国授权

在美苏发表联合声明，沙特同意美国驻军后，布什的国家安全团队开始紧锣密鼓地筹备反对萨达姆的国际联盟。布什总统展开密集的电话外交，争取更多国家的领导人共同谴责伊拉克。国防部长切尼与沙特国王就驻军事宜达成一致意见后，迅速飞往埃及，寻求穆巴拉克的支持。在这个过程中，埃及和沙特向布什建

---

① Frank N. Schuber and Theresa L. Kraus, *Whirlwind War: The United States Army in Operations Desert Shield and Desert Storm*, Washington D. C: Department of the Army, 1995, p. 50.

议，对伊拉克进行一场象征性的空中打击就有可能迫使萨达姆撤出科威特。鲍威尔坚决反对这个方案，坚持如果美国打算发动战争就要有决战到底的决心，鲍威尔毫不动摇地认为美国应该先有一个明确的战略目标，军队才能有效地执行任务。布什虽然同意鲍威尔的建议，但是始终没有拿出清晰的战略目标。

直到8月28日，伊拉克军队也没有撤离科威特，而且声称科威特是伊拉克的第十九个行省。9月底，鲍威尔、切尼、斯考克罗夫特、白宫办公厅主任约翰·苏努努（John Sununu）同布什总统在椭圆形办公室讨论制裁萨达姆的有效性。鲍威尔向与会者报告了在沙特部署军队的具体情况，多少军队、战斗机、坦克、军舰已经抵达沙特，还有多少正在路上。他也介绍了美军保卫沙特，把伊拉克赶出科威特的作战计划，只要总统做出决定，美国军队就能完成这一任务。鲍威尔再次暗示他需要得到明确的战略目标，布什总统再一次没有明确表态，而是含糊其辞地表明所有方案都可以考虑。在这一时期，布什的国家安全团队依然寄希望于制裁可以产生作用，但是，没有人知道，制裁需要多长时间，是否能产生效果。从伊拉克入侵科威特后，美国就对伊拉克进行经济制裁。1990年8月6日，联合国安理会第661号决议，通过了对伊拉克实施经济制裁。9月25日，联合国安理会第670号决议，主要包括对伊拉克航空运输的制裁[1]。制裁一直在持续，伊拉克的军队丝毫没有撤退的意向，物价上涨和粮食短缺反而造成了人道主义危机。

10月30日，布什在白宫召开了一次重要会议，听取鲍威尔介绍伊拉克的最新情况。在会上斯考克罗夫特指出美国正处在岔道口，一条路是继续制裁伊拉克，做好保卫沙特的准备；一条路

---

[1] Adam Roberts, "The Laws of War in the 1990–1991 Gulf Conflict", *International Security*, Volume 18, Number 3, Winter 1993/94, p. 144.

是为军事打击伊拉克做政治动员工作。切尼、贝克、斯考克罗夫特建议联合国通过一个新的决议案，规定伊拉克撤出科威特的最后期限。鲍威尔拿出两幅军事地图，一幅是美国军队保卫沙特的作战地图，另一幅是将伊拉克赶出科威特的作战地图。鲍威尔认为要将伊拉克赶出科威特将需要更多的军队。如果保卫沙特需要10万美国士兵，那么将伊拉克赶出科威特将需要20万，最终参加作战的部队可能达到50万，所有参加会议的人员都意识到这将是一场史无前例的战争。鲍威尔还提出美国至少需要5—6个航空母舰战斗群，就是在这次会议上布什做出了决定，不管鲍威尔需要多少军队、多少航空母舰战斗群，他都会无条件提供。也是在这次会议上，鲍威尔对布什表示，单单依靠空袭不能保证把萨达姆赶出科威特。最终在会议结束时，与会者达成了共识：制裁不能发挥作用，至少不能在可接受的时间内发挥作用，美国必须采取军事行动[1]。

11月8日，在中期选举几天后，布什宣布将驻扎在海湾的军队增加一倍，再派20万人赶赴海湾地区[2]。与此同时，为了有效保证海湾地区的军事实力，布什还宣布原计划的驻军轮换制度推迟。这时，越来越多的人意识到美国不再寄希望于外交途径，而是决定开战。在美国开战之前，布什认为美国还需要另一个联合国决议案给予美国军事行动国际合法性。为此，国务卿贝克穿梭于世界各国首都之间，通过各种手段寻求对联合国决议案的支持。11月29日，美国在确信能够得到一定票数支持的情况下，向联合国提出了决议案。在联合国安理会第678号决议的投票中，美国、苏联等12个国家投赞成票，古巴、也门投反对票，中国投

---

[1] George Bush and Brent Scowcroft, *A World Transformed*, New York: Vintage Books, 1998, p. 394.

[2] Michael R. Gordon, "Bush Sends New Units to Gulf to Provide 'Offensive Option'", *The New York Times*, November 9, 1990.

弃权票。在这个决议案中，对萨达姆撤出科威特提出了最后日期，这个日期是1991年1月15日午夜。如果届时伊拉克不能撤出科威特，联合国将授权采取一切可能的措施恢复国际和平与安全。该决议中的"一切可能措施"，为美国的下一步军事行动提供了依据。

（二）国会支持

美国在联合国取得了外交胜利，但是布什并不能保证国会支持其军事行动。布什希望国会能够支持联合国第678号决议案，接下来布什密集召开国会领导人会议，向他们介绍美国的战略目标和作战计划，为了向国会领导人显示美国已经穷尽了其他选项，军事打击是最后的选择，布什建议美国和伊拉克之间立刻展开高层外交会晤，第一个方案是美国邀请伊拉克外交部长阿齐兹（Tariq Aziz）直接与布什总统展开会晤；第二个方案是布什派贝克作为自己的私人代表访问巴格达，同萨达姆会谈；第三个方案是布什直接和萨达姆会晤。经过短暂讨论，第三个方案最先被排除了，因为安排元首会谈的时间太紧迫、难度太大、不太容易实现。最终，美国决定同时尝试第一和第二种方案。11月30日，布什公开宣布，伊拉克外交部长阿齐兹在12月10日这周访问华盛顿，贝克将在12月15日到1月15日间访问巴格达，萨达姆总统表示欢迎高层会谈的方案，但是不接受这一时间安排。同时萨达姆还释放数千名扣留在伊拉克的苏联和美国公民，以此来显示自己的诚意。此后，美国、伊拉克领导人不断提出新的时间表，但始终没有达成共识。

在双方的反复磋商中，几个星期又过去了，美国、伊拉克都在加快战争部署的步伐，伊拉克在科威特增兵，美国在沙特、海湾增兵。1991年1月3日，布什又提出一个新的美国—伊拉克会谈方案，建议贝克和阿齐兹于1月7、8、9日在日内瓦举行会谈，最后伊拉克方面同意在1月9日举行会谈。直到这时，萨达姆还相信美国不会采取军事行动，美国所做得一切都只是在恐吓他。1991年1月8日，布什总统致信国会希望其支持对伊拉克的军事行动。他写道："我希望众议院和参议院能够通过决议，指出国会支持使用一切必要的手段来执行联合国安理会第678号决议。"① 1月9日，贝克和阿齐兹举行会谈，贝克转交了一封布什写给萨达姆的信，要求萨达姆立即遵守联合国安理会第678号决议，无条件撤出科威特。阿齐兹阅读了这封信，拒绝接受布什信中的要求，并宣称："如果爆发战争的话，我们绝对会攻击以色列。"② 美国和伊拉克的会谈以失败告终。

此后三天，美国国会就是否同意联合国决议案展开了激烈的讨论，辩论的核心围绕：为什么这是一场美国的战争，为什么由美国军队来承担，为什么由美国人来牺牲。1月12日，离联合国的最后期限还有3天时，众议院以250对183，参议院以52对47票，支持国会通过了决议案。1月15日晚，联合国规定的最后期限到达后，布什于1月17日命令美国军队发动了代号为"沙漠风暴"的军事行动，这是美国在中东发动的第一场真正意义上的战争，标志着美国中东军事战略的重大转折。当时，布什总统高兴地说："感谢上帝，我们已经完全扔掉了越战的包袱。"③ 美国在中东的军事战略进入了大规模干预时代。

---

① John Quigley, "The United States and the United Nations in the Persian Gulf War: New Order or Disorder", *Cornell International Law Journal*, Volume 25 Issue 1, 1992.

② Ronald N. Mazzia, "Tracking the Storm: Chronology of Events", *Military Review*, Volume LXXI, NO 9, September 1991.

③ George Bush, "Remarks to the American Legislative Exchange Council", March 1, 1991, http://www.presidency.ucsb.edu/ws/? pid = 19351. （上网时间：2016年10月17日）

第三节 海湾战争的进程

1990年8月2日,伊拉克侵略、占领和吞并了邻国科威特,拉开了第一次海湾战争的序幕。冲突不断升级,矛盾持续发酵,美国最终决定以"沙漠风暴"军事行动来迫使伊拉克撤军。布什总统决心打赢这场战争,构建中东地区的"世界新秩序"。美国组建了二战以来最为庞大的联军部队,由美国领导的三十四个国家的联合国部队,同意出兵的国家既包括传统盟友英国、法国,也有阿拉伯国家,如埃及甚至叙利亚。为了保证战争的有效部署,美国争取到了大量国家的资金支持。这一被俗称为"锡杯"的军事行动,花费达到了530亿美元[①]。同美国随后在中东地区的战争不同,这场战争既得到了国际社会的广泛支持,又没有破坏美国经济,也没有增加美国的债务。

一、"沙漠风暴"行动

伊拉克入侵科威特后不久,即8月7日,美国就开始着手实施防卫阿拉伯半岛的军事行动,逐步在沙特部署军队。其中最先到达的包括美国第82空降师的一个旅、从弗吉尼亚州兰利空军基地起飞的F-15战机中队、"艾森豪威尔"号和"独立"号航母。主要武器包括15架AH-64阿帕奇直升机、8架OH-58基奥瓦侦查直升机、18辆M551谢里登轻型坦克、56个TOW反坦克导弹系

---

① Dick Cheney, *In My Time: A Personal and Political Memoir*, New York: Simon and Schuster, 2011, p. 228.

统、2个MLRS多管发射火箭系统、12枚105毫米拖曳榴弹炮[1]。需要部署到海湾地区的武器、装备、补给,都陆陆续续在美国港口装船,开始起航。先期到达的部队、战机、航母立即执行了保卫海湾的巡逻任务。美国中央司令部过去10年在中东的规划和部署,现在派上了用场[2]。9月初,整个82空降师和第24步兵师的第一批成员已经到达,第24步兵师的剩余人员和第101空降师也在路上[3]。10月初,由多个师组成的联合部队已经建立,同时还包括来自21个不同基地的攻击机中队,4艘航母的庞大海军舰队。美国领导的联军部队的作战飞机数量已经远远超过伊拉克。中央司令部指挥官的任务是确保沙特和波斯湾的安全与稳定,现在他们已经具备了这种能力。如果此时萨达姆还想入侵沙特,已经为时过晚。

10月底,美国派往沙特的部队已经接近26.5万人,根据鲍威尔的要求军队的人数和物资的数量还需要再增加一倍。在接下来的时间里,美国紧锣密鼓地加强军事部署,著名的第七军团、第十八空降军陆续抵达。此外,美国还动员了大量预备役军人,这是自朝鲜战争以来召集预备役最多的一次。"沙漠盾牌"行动开始以来的六个月,美国海运和空运到达沙特的人员和物资情况参见表3—1:

---

[1] Center of Military History United States Army, "War in the Persian Gulf: Operations Desert Shield and Desert Storm August 1990 – March 1991", Washington, D. C. , 2010, p. 8.

[2] Frank N. Schubert and Theresa L. Kraus, *The Whirlwind War: The United States Army in Operations Desert Shield and Desert Storm*, Center of Military History, United States Army, 1995, p. 78.

[3] Center of Military History United States Army, "War in the Persian Gulf: Operations Desert Shield and Desert Storm August 1990 – March 1991", Washington, D. C. , 2010, p. 16.

表3—1　海运和空运到达沙特的人员和物资情况

	人员	物资（吨）
空运	293000	175000
海运	2800	2105000
总计	295800	2280000

资料来源：Association of the United States Army.

次年1月中旬，"沙漠盾牌"军事部署计划基本完成，部队全部就位。与此同时，联军部队也纷纷赶来，提供支持。英国派出4.2万人的部队、22艘船只、85架飞机；法国2万人的部队、18艘船只、60架飞机、350辆坦克；埃及4万人的部队、358辆坦克；叙利亚1.43万人的部队[①]。三十多个国家积极配合，派出了地面部队和武器装备。集结起来的联军队伍不断壮大，最终达到54.3万余人。

在以美国为首的多国部队创造进攻的致胜条件时，伊拉克共和国卫队的多个步兵师、机械化师、装甲师也组成了自己的防御体系，形成了"萨达姆防线"。伊拉克的防御系统分三层：第一层的步兵师沿着伊拉克和沙特边境，穿过科威特和沙特边界地区，直至科威特海岸线，最前方是由沙墙、铁丝网、雷区组成的障碍带；第二层在第一层防线后的25—50千米，由正规军的重兵把守，是伊拉克军队的主阵地；第三层由共和国卫队的精英部队塔瓦卡尔那师（Tawakalna）、麦地那师（Madinah）、汉谟拉比师（Hammurabi）组成，部署在伊拉克境内靠近科威特边界。美国要想取得战争胜利，就得首先攻破这些防线。施瓦茨科普夫对他的指挥官们咆哮道："我们需要摧毁，不是攻击、伤害或者包围，

---

① Richard L. West, Thomas D. Byrne, James D. Blundell, Sandra J. Daugherty, "Operations Desert Shield And Desert Storm: The Logistics Perspective", Association of The UnitedI States Army, September 1991.

我希望你们摧毁共和国卫队，我不希望他们以一种军事组织的形式存在。"① 但是，美国没有直接攻击驻扎在科威特的伊拉克共和国卫队，而是先对科威特和伊拉克境内展开空袭，摧毁伊拉克军队的后方。

代号为"沙漠风暴"的军事行动于1991年1月17日凌晨开始，联军部队向伊拉克和科威特境内发起了大规模的空袭。当天就有将近700架作战飞机发动，其中绝大多数来自美国，美军发射的"战斧"导弹首先摧毁了伊拉克境内两处极其重要的雷达设施。紧接着，美军F-117隐形轰炸机出现在巴格达市区，同时贴地式巡航导弹开始密集轰炸伊拉克和科威特的防空设施、通讯设备、军用机场等目标，联军很快就取得了制空权。萨达姆称"一切战斗之母"（Mother of all Battles）开始了，呼吁伊拉克人民"站起来"②。伊拉克立即回击，于1月18日向以色列、沙特、巴林发射了一系列"飞毛腿"导弹，但是造成的破坏相对较小。虽然经过八年的两伊战争，萨达姆建立起了强大的空军，也积累了一些作战经验，空军装备有苏联和法国的米格-29和幻影F-1型战机，但是与美国领导的联军空军相比依然处于劣势。联军的首轮空袭有效地攻击和摧毁了伊拉克的防空和通讯设施。

在空袭开始的第一周，伊拉克空军每天仅能出动30架次飞机，重要的军事设施已被摧毁，共和国卫队的三个精英部队也受到了重创。在随后的几天内，联军的攻击目标逐步扩大到炼油厂、发电厂、交通设施以及可能储存大规模杀伤性武器的地点。到了1月27日，伊拉克的空军部队要么被摧毁，要么已逃离，联

---

① Norman Schwarzkopf, *It Doesn't Take a Hero: The Autobiography of General H. Norman Schwarzkopf*, New York: Bantam Books, 1992, p.381.

② 1991: 'Mother of all Battles' begins, BBC News, 17 January 1991. http://news.bbc.co.uk/onthisday/hi/dates/stories/january/17/newsid_ 2530000/2530375.stm.（上网时间：2016年11月23日）

军宣布完全掌握了空中主导权。此后，联军的作战重心转变为逐渐减少伊拉克军队的作战能力和作战意愿。联军的空袭每增加一天，伊拉克的军队实力就削弱一些，联军消灭伊拉克共和国卫队的风险就降低一点。将近6周的轰炸，将近10万架次战斗机的攻击，超过300次巡航导弹的打击，已经使伊拉克军队和整个国家陷入惊慌之中。空袭开始的38天里，联军的导弹攻击与空中打击一直持续，几乎没有中断，摧毁了大量军事和民用基础设施。联军部队战机总计飞行109876架次，投掷炸弹88500吨[1]。美国政府向媒体公开宣布，这次空中打击在密度、准确度和有效性上都达到了前所未有的程度。据美国情报部门预测，由于伤亡和逃跑的人数很多，伊拉克作战部队已经损失50%的兵力，伊拉克共和国卫队情况稍微好一点，但是损失也将近25%[2]。最终，在2月的最后一周，施瓦茨科普夫所面对的伊拉克军队已经受到重创，在人数上也远远少于联军，联军与伊拉克军队的人数比例约为3:1[3]。

虽然联军部队取得了绝对的空中优势，但是并不意味着地面总攻也是容易的。联军指挥部设想了种种可能发生的巷战情景，在"空地一体战"的构想下制定了"沙漠军刀"地面行动计划，从三个方向进行攻击。然而，当2月24日凌晨地面作战开始时，进展情况却出乎意料的顺利。联军有效地避开了伊拉克军队提前布置的固定防御，只有在向科威特城进军时遇到零星阻力，但战壕、铁丝网、地雷的防御能力有限。所到之处的伊拉克部队大量

---

[1] Helena Meyer-Knapp, *Peace Making*, Washington: Peace-maker Press, 2003, p. 145.

[2] "Conduct of the Persian Gulf War: Final Report to Congress", Washington D. C. 1992, pp. 189–191.

[3] Norman Schwarzkopf, *It Doesn't Take a Hero: The Autobiography of General H. Norman Schwarzkopf*, New York: Bantam Books, 1992, p. 385.

投降，美国第七军团和第十八空降军迅速控制了大面积地区。2月26日，当美军第七军团行经科威特城时正面遇到了伊拉克共和国卫队，尽管面临不利的天气条件，在美国称作73区以东的沙漠中，第七军团的装甲师迅速锁定目标发动攻击，经过一系列轮番进攻，短时间内就击溃了伊拉克共和国卫队的精英部队。其中的第一装甲师第二旅仅用40分钟就击溃了麦地那师的一个旅。第十八空降军在挺进幼发拉底河切断伊拉克军队交通线时，第24步兵师受到伊拉克军队激烈的坦克和火炮射击，四小时内摧毁了伊拉克六个炮兵营[1]。美国的将军们认为，这些战役充分证明了美军对战场的主导权，更大的胜利指日可待。2月27日，第七军团共计摧毁伊拉克1350辆坦克、1224辆装甲车、285门重炮、100个防空系统、1229辆卡车[2]。相比之下，第七军团遭受的损失和伤亡极其轻微。伊拉克的防御攻势、精英部队、武器装备受到了重创，"沙漠军刀"地面军事行动显然是成功的。

布什总统决定于2月27日华盛顿时间午夜12点结束战争，也就是地面行动100小时之后战争结束[3]。"沙漠风暴"行动是"祈祷螳螂"行动的重演，只是规模更大，装备更先进，美国与对手之间的实力差距太大，对手几乎不堪一击。美军轻而易举地击溃了占领科威特的伊拉克共和国军队，施瓦茨科普夫指挥的美军恢复了科威特的主权。除了解放科威特这一具体目标之外，美军通过这场战争证实了自己强大的实力，为布什总统所宣称的"世界新秩序"奠定了军事基础。海湾战争的胜利，被称作"美

---

[1] "Conduct of the Persian Gulf War: Final Report to Congress", Washington D. C. 1992, p. 388.

[2] Stephen Biddle, "Victory Misunderstood: What the Gulf War Tells Us about the Future of Conflict", *International Security*, Vol. 21, No. 2, 1996, p. 147.

[3] Coiln Powell, Joseph Stiglitz, Zoe Persico, *My American Journey*, New York: Random House, 2003, p. 521.

国世纪的诞生,单极世界的出现,美国处于世界的核心"①。施瓦茨科普夫将军提出,"战争已经结束,是时候停止了,我们已经完成了任务。"事后证明,美军在伊拉克的战争还远远没有结束。在同一晚上稍晚的时候,布什总统发表了电视演讲,"科威特解放了,伊拉克军队被击溃,我们的军事目标已经达成","战争已经结束"。布什总统的第一个断言无疑是正确的,伊拉克军队立即、全面、无条件地撤出科威特;第二个断言不幸的是与实际情况不符,存在巨大差异,并对未来产生较大影响。

二、美军在伊拉克的持续军事卷入

尽管布什总统宣布战争已经结束,萨达姆也同意撤离科威特,但是拥有机械化装备的美国第 24 步兵师与伊拉克汉谟拉比师仍然于 3 月 2 日再次发生交火。美军的坦克、大炮和攻击直升机摧毁了整条公路,数以百计的伊拉克装甲车被炸毁。伊拉克士兵扔掉了装备,四处逃跑。实际上,在"沙漠风暴"军事行动尚未结束的时候就露出了战争可能持续的端倪。战争的最大受害者始终是平民,八年的两伊战争再加上二战以来规模最大的海湾战争,已经使伊拉克人民走到了绝望的边缘。海湾战争后伊拉克南部发生了反对萨达姆统治的武装叛乱,北部的库尔德人展开了大规模武装斗争。布什总统重申了美国对伊拉克问题的解决方案:"伊拉克人民应该推翻萨达姆,这将推动伊拉克重新成为热爱和平的国家。"② 显然,美国支持伊拉克人民的武装运动,这势必会

---

① Friedrich, Otto (ed), *Desert Storm: The War in the Persian Gulf*, New York: Time Warner, 1991, p. 1, 3.

② George Bush, "The President's News Conference on the Persian Gulf Conflict", March 1, 1991, http://www.presidency.ucsb.edu/ws/? pid = 19352. (上网时间: 2016 年 12 月 30 日)

影响美国下一步在伊拉克的政策。

海湾战争结束后,在军事上,美国及其盟友划定了"禁飞区",限制伊拉克的军事行动范围;在政治上,伊拉克陷入了孤立;在经济上,伊拉克面临严厉的经济制裁,战争使伊拉克陷入了混乱。在美国的道义支持下,面对岌岌可危的萨达姆政权,伊拉克南部的什叶派和北部的库尔德人迅速展开了武装斗争,他们再也不愿意服从逊尼派复兴党的统治了。南部什叶派反抗势头迅猛从巴士拉扩散开来,武装分子一度夺取巴士拉等十多个南部城市,但由于作战经验缺乏又毗邻共和国卫队驻扎前线,最终还是让萨达姆残酷镇压,数千人被杀害,数十万人流离失所。3月7日,大量的库尔德人涌上街头公开示威,喊出了明确的政治口号:"为了伊拉克的民主!为了库尔德斯坦的自治!"[①] 库尔德民主党领导人马苏德·巴尔扎尼(Masoud Barzani)领导的武装斗争同样遭到了萨达姆的残酷镇压,大量库尔德难民涌向土耳其。伊拉克库尔德和什叶派的人道主义灾难被国际媒体广泛报道,美国陷入了尴尬境地。支持库尔德人的自治运动,既能削弱萨达姆政权,也能改善美国因人道主义问题而受损的国际形象。与此同时,施瓦茨科普夫指挥的联军仍然占领着伊拉克南部地区,等待重新部署的命令,美国本来有能力帮助什叶派进行反击,但是什叶派同伊朗有一定关联,美国不愿意支持伊朗在中东的盟友。因此,在两大人道主义灾难面前,美国选择对什叶派的人道主义灾难视而不见,而是与库尔德人站在同一立场上。

从美国对海湾战争的决策过程可以看出,保护库尔德人从来没有被纳入布什总统的作战计划之中。然而在布什提出的"世界新秩序"构想中,美国不允许这样的人道主义灾难发生。美国本

[①] Faleh A. Jabar, "Why the Uprisings Failed", *Middle East*, Vol. 22, May/June 1992.

来只是想通过多国部队的军事暴力结束伊拉克对科威特的军事暴力，重建和平稳定的海湾秩序。然而，对于伊拉克的军事干预，引起了伊拉克国内持续的暴力活动，这是美国决策者事先没有料想到的。据统计，从1991年划定"禁飞区"到2000年底，美国仅在"禁飞区"就扔下了450万吨炸弹，每年平均耗资10亿美元[1]。美国在"沙漠风暴"行动结束后的十多年时间里，仍然在伊拉克采取直接军事行动，一方面是为了实现布什的"世界新秩序"理念；另一方面则是美国决策的路径依赖。美国在中东经过"祈祷螳螂"行动和"沙漠风暴"行动后逐渐建立起了大规模、直接的军事干预路径，为后来的决策留下了依赖的可能。

从两伊战争到第一次海湾战争，美国的战略原则是明确的：以伊拉克应对危险的伊朗，同时遏制两伊。尽管布什总统呼吁伊拉克人民推翻萨达姆政权，但是在南部什叶派和北部库尔德人的斗争中并没有提供实质性援助，最重要的原因是美国依然打算利用伊拉克来遏制伊朗。布什的国家安全顾问布伦特·斯考克罗夫特随后表示，在与萨达姆的作战中，美国一直寻求"打击其侵略性行为，同时不削弱伊拉克的实力，以避免造成权力真空，并维持伊拉克和伊朗之间的平衡"[2]。美国不希望伊拉克重新恢复原有实力，始终对其保持打压的态势。此时布什总统对伊拉克的政策存在矛盾性：布什既要搞垮萨达姆政权，又要防止伊拉克内乱迭起导致伊拉克四分五裂；既要支持亲西方的反对派夺权，又要避免因急于求成而直接卷入伊拉克国内的流血冲突，从而深陷

---

[1] 赵学功著：《当代美国外交》，北京：社会科学文献出版社，2001年版，第118页。

[2] George Bush and Brent Scowcroft, *A World Transformed*, New York: Vintage Books, 1998, pp. 383 – 384.

第三章 大规模干预战略时期（1990—2011）

泥潭[1]。

伊拉克问题的应对成为美国中东战略的关键，美国保持在伊拉克的军事存在，但确使伊拉克陷入了更大的混乱。面对伊拉克国内越来越严重的人道主义灾难，美国选择站在库尔德人一边。萨达姆的残酷镇压使超过100万的库尔德人逃往伊朗和土耳其，其中大部分聚集在寒冷的伊拉克和土耳其边界地区。这些难民由于缺少必要的粮食、衣物、药品和饮用水，死亡率不断飙升。4月3日，联合国安理会呼吁为伊拉克库尔德人提供人道主义援助。4月5日，布什下令向库尔德人提供援助。4月16日，布什总统决定派美军进驻伊拉克北部建立难民"安全区"为库尔德人提供保护。美军提供援助的行动开始后迅速占领了北部大面积地区。至此，海湾战争名义上结束了，但是美军在伊拉克的新军事行动刚刚开始。种种迹象显示，美军依然会在伊拉克保留军事存在。

4月17日，代号为"提供慰藉行动"（Operation Provide Comfort）的美国对伊拉克库尔德人的援助计划开始实施。沙利卡什维利（John M. Shalikashvili）将军带领救援部队抵达伊拉克北部。由于库尔德难民太多，都拥挤在土耳其东南部荒凉的山区中，美国向伊拉克北部派兵，为其建立"安全区"。为了保障"安全区"建设，一个月内美国派遣的部队就超过2万人。詹姆森（Jamerson）将军负责空军部队，C-5和C-141运输机高效地运输必需品，战斗机为地面部队提供空中保护。4月中旬到7月中旬，美国空军向伊拉克北部的库尔德难民区运输近4万吨救济物资，其中1100次飞行运送了1.4万多名流离失所的难民[2]。7月中旬，联合国接管了"安全区"，萨达姆部队全面撤离。"提供慰藉行

---

[1] 军事科学院世界军事研究部：《战后世界局部战争史：冷战结束后的局部战争（1989—1999）（第三卷）》，北京：军事科学出版社，2008年版，第426页。

[2] Daniel L. Haulman, *Wings of Hope: The U. S. Air Force and Humanitarian Airlift Operations*, Air Force History and Museums Program, 2007, p. 15.

动"貌似已经完成任务,为库尔德难民提供了人道主义援助,美军开始从伊拉克北部撤离。然而,事实上美军在伊拉克的卷入还远远没有结束。一方面,美国担心前期所做的努力因美军的撤离毁于一旦,认为应该在伊拉克北部部署过渡部队;另一方面,美国担心伊拉克库尔德人成为永久难民,像巴勒斯坦难民那样成为永久性问题,应该对难民进行安置,这就需要为重新安置的难民提供安全庇护。与此同时,库尔德工人党、库尔德民主党、萨达姆部队三者之间时常爆发冲突,于是从1991年7月24日起,"提供慰藉行动 II"开始了。美军的任务从提供生活必需品,转变成了提供安全保护。这一阶段对库尔德人的援助演变为执行伊拉克北部上空的禁飞,该行动计划一直持续到1996年12月31日。

1992年8月,美国以保护南部什叶派为名,在伊拉克领土北纬32度以南划出"禁飞区",这与1991年4月在伊拉克领土北纬36度以北划出的"禁飞区"一起形成了南北"禁飞区"。这两个禁飞区削弱了萨达姆政权对伊拉克40%国土的控制能力,使美国加强了对伊拉克的军事监视[1]。美国空军参谋长罗纳德·R·福格尔曼(Ronald R. Fogleman)将军称,"自1992年以来,我们所做的是占领一个国家的制空权。"[2] 美国派出大量的战斗机执行两个"禁飞区"的巡逻任务。从1992年12月开始萨达姆的空军不断闯入"禁飞区",如12月27日,一架米格-25战机闯入南部"禁飞区";1993年1月17日,一架米格-23战机闯入北部"禁飞区"。执行巡逻任务的美军F-16战机发射了中程空对空导弹

---

[1] 军事科学院世界军事研究部:《战后世界局部战争史:冷战结束后的局部战争(1989—1999)(第三卷)》,北京:军事科学出版社,2008年版,第428—429页。

[2] William J. Allen, "Crisis in Southern Iraq: Operation Southern Watch", https://media.defense.gov/2012/Aug/23/2001330107/-1/-1/0/Oper% 20Southern% 20Watch.pdf.(上网时间:2015年12月27日)

(AIM-120 AMRAAM)，将闯入的伊拉克战机击落。1993年1月，美国以伊拉克非法闯入"禁飞区"为由，发起了对伊拉克雷达站、导弹基地、防空设施的军事打击。1993年1月20月，克林顿总统执政以后延续了布什总统在伊拉克的军事政策，面对伊拉克军队的威胁和攻击，美国予以坚决的回击。在接下来的时间里，伊拉克空军的挑衅和美国空军的报复时断时续。美国空军在执行巡逻任务时高度警惕，1994年4月14日，两架美国空军F-15战机将两架美军"黑鹰"直升机误判为敌机将其击落，26人遇难，其中15人为美国公民[①]。这一事件的发生引起了大量的负面报道，但是并没有影响美国继续沿着大规模直接军事干预的路径前进。1996年9月3日，美国以萨达姆部队袭击并占领了伊拉克北部库尔德人居住地伊尔比勒市为由，向其发射了大量巡航导弹。克林顿总统在当天发表的电视演讲中称："我们必须明确表示，萨达姆将为其莽撞行为付出代价，否则这些行为将会增加，美国必须增加长期遏制伊拉克的能力。"[②]

海湾战争之后，美国针对伊拉克发动的最大规模的空袭行动是1998年12月的"沙漠之狐"军事行动。根据1991年4月联合国安理会第687号决议，伊拉克必须摧毁大规模杀伤性武器才能取消石油禁运等制裁。联合国安理会成立了伊拉克问题特别委员会专门负责调查伊拉克的化学、生物武器和射程超过150千米的弹道导弹。国际原子能机构负责对核武器的核查。1991年4月以来，特委会和国际原子能机构在摧毁伊拉克大规模杀伤性武器方面取得了相当大的进展。特委会在1991—1998年间销毁了发现的

[①] N. G. Leveson, Polly Allen, "The Analysis of a Friendly Fire Accident using a Systems Model of Accidents", research by NSF ITR Grant CCR-0085829 and NASA Intelligent Systems (Human-Centered Computing) Program NCC2-1223.

[②] "Clinton's statement on the U. S. strike on Iraq", CNN World News, September 3, 1996.

所有化学武器材料：3.85万吨军火、48万升化学剂、180万升化学武器先质、426件生产设备①。由于无法证实伊拉克是否摧毁了所有大规模杀伤性武器及相关装备，核查持续进行，矛盾不断加深。伊拉克驱逐核查人员，拒绝核查人员进入场地检查等事件时有发生，最终促成了美国的军事行动。1998年12月，特委会向联合国提交报告，核查无法继续进行，伊拉克政府不予配合。12月17日，美国在没有经过联合国安理会批准的情况下，对上百个伊拉克目标进行了打击，其中一半以上是萨达姆的国家核心部门，包括总统府、复兴党总部、情报和安全部门、广播和电视电台、通讯和网络中心②。在70多个小时的军事行动中，美国出动战机数百架次，战舰发射了325多枚"战斧"巡航导弹，空军的B-52轰炸机发射了90多枚巡航导弹③。联合国常任理事国法国、俄罗斯、中国和大部分阿拉伯国家都对美国的这次空袭行动进行了谴责。美国在中东的大规模直接干预路径上越走越远。海湾战争后，美国在伊拉克的持续军事卷入，为2003年的伊拉克战争埋下了伏笔。

第四节 伊拉克战争

从战役的角度看，海湾战争是一次完美的胜利，美国人也习惯称布什、切尼、鲍威尔为战争英雄。因此，在其后的时间里美

---

① Kenneth Katzman, "Iraq: Former Regime Weapons Programs and Outstanding U. N. Issues", Congressional Research Service Report for Congress, July 29, 2009, p. 8.

② Tim Youngs and Mark Oakes, "Iraq: 'Desert Fox' and Policy Developments", House of Commons Library Research Paper 99/13, February 10, 1999, p. 31.

③ Anthony H. Cordesman, "The Lessons of Desert Fox: A Preliminary Analysis", CSIS Middle East Studies Program Report, February 16, 1999, p. 63.

国政府形成对海湾战争的路径依赖似乎不可避免。更为重要的是,在海湾战争结束后的十年里,美国迎来了前所未有的战略机遇期,国内、国际形势一片大好。在国内,美国经济持续增长、就业率不断攀升、财政指标稳步提高。在国际上,苏联解体后俄罗斯国力迅速下降,再也难以挑战美国的地位。20世纪90年代,美国的综合国力在全球拥有绝对优势。因此,在2001年乔治·沃克·布什(以下称作小布什)总统上台时,美国迎来了自己的"单极时代"。当然,在这种有利的国内外形势下,再加上强大的军事实力,注定会增强美国采取军事行动的信心。正在历史路径、国际环境、国内条件都有利于美国采取进攻性军事姿态时,发生了针对美国的"9·11"恐怖袭击事件,成为了引发美国采取大规模军事行动的导火索。

一、美国的全球反恐战争

2001年1月20日,小布什就任总统后选择前国防部长迪克·切尼为副总统,任命唐纳德·拉姆斯菲尔德为国防部长,鲍威尔担任国务卿。小布什政府团队的核心人物都参加过1991年的海湾战争,对中东军事行动有着丰富的经验。2001年9月11日,在小布什总统任期的第234天发生了"9·11"恐怖袭击事件。此前,美国在中东的军事打击仍然不温不火地进行着。美国战机在伊拉克北部和南部的"禁飞区"巡逻,偶尔对伊拉克境内的目标实施轰炸。布什、克林顿政府对伊拉克和伊朗的"双重遏制"政策依然延续。

"9·11"事件给正处于"单极时代"的美国"当头一棒",整个国家陷入恐慌之中,经济指数持续下跌,恐怖主义立即上升为国家安全的头号威胁。小布什总统称,"世界不一样了(night fell on a different world)"①，美国决定要进行一场全球反恐战争，建立最广泛的国际反恐联盟，编织最严密的反恐网络。9月11日后仅仅一周，拉姆斯菲尔德就坦率地说，"我们有一个选择，要么改变我们的生活方式，这是不可接受的，要么改变他们的生活方式，我们选择后者。"② 恐怖袭击发生后，美国对事件展开调查的同时也对恐怖主义的根源进行了剖析。在过去二十年中，美国多次介入中东战争，但是每次战争都有一个相对明确的目标。这一次情况完全不同，小布什政府不仅仅要打击恐怖主义，而且要改变中东的政治生态。美国的逻辑是：以中东国家为核心的"穆斯林世界"政治上不民主，教育上一直灌输反西方思想，经济上要么停滞不前，要么分配不公，青年人无法通过民主体制在国内疏解其不满情绪，因此必将怨恨情绪转移到以美国为代表的西方文明上③。依据"卡特主义"内容，为了保持美国的政治生态，美国要保证波斯湾及其周边地区的安全。小布什的所有前任们，从卡特到克林顿都接受了这一主张。现在的情况发生了变化，美国的责任不仅是保护波斯湾的安全，而且要改变中东的政治生态。反恐与改造中东、推进中东民主化之间的关系已基本成为美国决策层和学术界的共识④。

小布什政府核心团队将伊拉克、伊朗、朝鲜列入了"邪恶轴心国"名单，伊拉克居于首位，美国选择伊拉克作为在中东推进

---

① Mary Buckley and Rick Fawn, *Global Responses to Terrorism*, London and New York: Routledge, 2003, p. 1.

② "DoD News Briefing-Secretary Rumsfeld", September 18, 2001, http://archive.defense.gov/Transcripts/Transcript.aspx? TranscriptID=1893. （上网时间：2016年12月23日）

③ 中国现代国际关系研究院美欧研究中心：《反恐背景下美国全球战略》，北京：时事出版社，2004年版，第204页。

④ John Gaddis, "A Grand Strategy of Transformation", *Foreign Policy*, November/December 2002.

民主的样板。在美国的战略规划中,伊拉克实现民主后将产生"多米诺骨牌"效应,推动中东其他国家实现民主改造。在"先发制人"思想的指导下,美国决定发起一场预防性战争,把潜在的敌人消灭在萌芽状态,用新自由主义的标准改变伊斯兰世界的政治生态。小布什总统宣称:"萨达姆是一个威胁,我们不会等待他的攻击。如果世界不能正视伊拉克政权的威胁,自由国家将承担巨大的、不可接受的风险。我们不能等待恐怖主义国家使用大规模杀伤性武器。"[1] 伊拉克萨达姆政权不仅被认定为美国安全的潜在威胁,而且是推动中东地区民主进程的障碍。为了美国的安全,为了中东的民主,美国坚定不移地推动战争进程。美国为这场先发制人战争寻找的理由是萨达姆与"基地"组织有联系,伊拉克拥有大规模杀伤性武器。国家安全事务助理赖斯的观点是"游离于国际体系之外的非理性独裁者一旦拥有大规模杀伤性武器,就将对美国构成严重威胁"[2]。鉴于美国公众对恐怖主义的担忧,国会参众两院以多数赞同票通过了战争授权。2002年10月,国会授权总统使用武力捍卫美国的国家安全免受伊拉克的威胁,并执行联合国有关伊拉克的决议。尽管国际上大部分国家如法国、德国、俄罗斯和中国都反对美国发动伊拉克战争,但是美国政府在经过几番努力未能得到联合国安理会授权后,已经不再准备争取国际支持了。2003年1月,美国开始在海湾地区加强兵力部署。3月17日,小布什总统向萨达姆提出了最后通牒,要求萨达姆在48小时内离开伊拉克,否则将面临军事打击。当萨达姆拒绝遵守时,小布什总统下令采取军事行动。

---

[1] "'We're Calling for a Vote' at the U.N., Says Bush", *Washington Post*, March 7, 2003.

[2] Elinor Sloan, "Beyond Primacy: American Grand Strategy in the Post-September 11 Era", *International Journal*, Vol. LVII, No. 2, Spring 2003, p. 307.

二、"自由伊拉克行动"

从"沙漠风暴"行动到此后持续十多年的军事卷入，已经给美国在伊拉克采取军事行动积累了大量经验。小布什总统与副总统切尼、国防部长拉姆斯菲尔德、国务卿鲍威尔和参谋长联席会议主席理查德·迈尔斯（Richard Myers）将军商讨后确定了最终行动方案。2003年3月19日，集结在海湾地区的兵力已经达到34万人，在美国中央司令部司令弗兰克斯（Tommy Franks）将军的指挥下，"自由伊拉克行动"开始了。部分美军配备了大规模杀伤性武器的检测仪器，还装备了保护面具、防护服和解毒剂。美军计划从南北两面对巴格达展开正面进攻。在南部，以科威特为行动基地，地面部队挥师北上。在北部，以土耳其为行动基地，挥师南下。萨达姆派伊拉克部队中三个军的兵力驻守北部地区，抵抗从土耳其方向进攻的美军。伊拉克的第三、第四军团被部署在巴士拉和伊朗边境沿线。共和国卫队的兵力主要集中在巴格达周围。"自由伊拉克行动"从展示美军强大实力的空中轰炸开始，其目标是萨达姆在巴格达郊外的一处农场。在密集的空中打击掩护下，美军地面部队开始挺进伊拉克，美军仅用七天时间就已经到达纳杰夫，开始直逼巴格达，军事行动相当顺利。尽管土耳其2月就已同意6万美军过境，然而土耳其国民议会却在关键时刻拒绝美国陆军第4师打开北部战线。小布什总统于3月25日告知弗兰克斯将军，美国不能说服土耳其允许美军过境[①]。在没有北线支持的情况下，美军依然势不可挡，美国陆军第5军团的第3师和第101师，与海军陆战队、英国第1装甲师紧密配合，辅以美国的空中优势，足以压倒伊拉克军队。

---

① Tommy Franks, *American Soldier*, New York: Regan Books, 2004, p. 510.

第三章 大规模干预战略时期（1990—2011）

伊拉克的军事反击没能有效抵制美军的进程，4月4日，美国军队占领了伊拉克首都以外的萨达姆国际机场。4月4日晚，美国开始了对巴格达的"雷霆奔跑"（Thunder Runs）袭击计划，美国认为伊拉克已经受了足够的打击，一系列的装甲袭击可以有效摧毁伊拉克军队的抵抗意志，完全击垮伊拉克的军事反击能力。4月9日，美国海军陆战队已经完全控制了巴格达地区，完成了城市的全面包围，有组织抵抗的最后残余势力分崩离析，进入巴格达的美国士兵和海军陆战队员的人数不断增多，萨达姆的政权和复兴党的统治已经终结。在美军直逼巴格达的同时，部分军队对伊拉克境内上百处大规模杀伤性武器可疑点进行了地毯式排查。4月底，中央司令部的高级指挥官对美军的核查结果作了如下总结："我们对上百个可疑点进行了排查，但是萨达姆政权在过去的十年中，一直擅于隐藏和转移，所以当我们到达这些可疑点，没有发现大规模杀伤性武器也不足为奇。"[1] 5月1日，小布什总统在加利福尼亚海岸的一艘航母上正式宣布主要作战行动结束，美国取得了胜利。在不到两周的时间里美军就抵达巴格达，在不到一个月的时间内就推翻了萨达姆政权，这在美国看来是一个不小的成绩。美国的军事行动开始过渡到"和平行动"（Peace Operation），由于伊拉克政府暂时没有领导人接管，根据以往的战争经验和研究论证，美国决定保留40万人的军队，维持伊拉克局势的稳定。与此同时，伊拉克的原有军事组织解散，美国领导的驻伊拉克临时管理局成立，负责管理整个国家。

美国本想将伊拉克建立成为一个"自由文明"的社会，并成为"全球反恐战争和穆斯林世界争取自由与调和的斗争中"美国

---

[1] Walter L. Perry, Richard E. Darilek, Laurinda L. Rohn, Jerry M. Sollinger, *Operation Iraqi Freedom: Decisive War, Elusive Peace*, California: Rand, 2015, p. 137.

的一个"新盟国"①，但是随着"自由伊拉克"行动的开始，社会变得越来越"自由"，与"文明"的距离越来越遥远。萨达姆政权被推翻后，伊拉克社会彻底陷入了混乱，推动伊拉克战后重建成为美国的首要任务。大量的掠夺者走上街头，破坏了伊拉克的大部分政府建筑、基础设施、厂房设备，在巴格达、摩苏尔、基尔库克，在整个伊拉克，掠夺者几乎抢走一切可以移动的东西，并将无法挪动的东西毁坏。伊拉克首都，一个近500万人口的城市，成为无法无天的"自由之城"。拉姆斯菲尔德坚持认为，天没有塌下来，"混乱"是暂时的，伊拉克战争计划正在按照步骤展开②。事实证明，拉姆斯菲尔德对形势的判断是大错特错。

美国原本以为自己是伊拉克的解放者，在萨达姆政权被推翻后，充当起了社会警察的角色，但是没有想到的是，美军在伊拉克当警察并非易事，而且也并不是所有的伊拉克人都欢迎美军的到来。4月10日，美军刚刚控制了巴格达，混乱局面就开始了。尽管美军已经预料到了抢劫等动乱情形，但是实际情况远远超出想象，位于巴格达市中心的伊拉克国家博物馆成立于1923年，也成为了掠夺者的对象，三天三夜的洗劫使大量文物丢失，对伊拉克古代历史的盗窃和破坏引起了世界的广泛关注。在距离巴格达约40英里的费卢杰是一个逊尼派占人口多数的中型城市，4月28日，这天夜幕降临后大约200名愤怒的伊拉克人，不顾美国军方的宵禁命令，聚集在美军驻扎的学校前面。示威者高呼反美口号、扔石头，美军进行了连珠炮似的射击，造成十多名伊拉克人伤亡。其后，暴力冲突在费卢杰和其他地方持续不断，局面越来越混乱，情况越来越复杂，美国军队面临全面武装抵抗运动的风

---

① Donald H. Rumsfeld, "Core Principles for a Free Iraq", *Wall Street Journal*, May 27, 2003.

② Department of Defense news transcript, "DoD News Briefing-Secretary Rumsfeld and Gen Myers", April 11, 2003.

险不断加大。但是，美国决策者始终不愿意承认自己面临的挑战，认为这些对美军的袭击不是大规模的武装反抗。2003年5月，美国军方坚持认为大部分的反对派由"犯罪分子"组成，他们盗窃财物、抢劫银行、破坏公共设施，甚至有部分人使用迫击炮和火箭弹袭击、伏击，以及使用远程引爆的简易地雷，可能造成一些伤亡，但并不足以形成严重的社会问题，仅仅是不协调的、无组织的、没有统一领导的违法行为。

7月22日，美军在库尔德人控制的城市摩苏尔取得了重大成绩，经过近6个小时的战斗他们消灭了萨达姆的两个儿子：39岁的乌代（Uday）和37岁的库赛（Qusay）。他们都沿袭了父亲的执政方式，是美国悬赏通缉的第二和第三号人物。白宫曾发表声明，要求美军消灭这两名"对伊拉克人民犯下无数暴行的人，他们不能再为伊拉克人民增加仇恨的阴影"[1]。然而，这两名关键人物的消失也未能减弱伊拉克境内的暴力活动，混乱局面不断升级。美军驻伊拉克联合部队总司令桑切斯（Sanchez）将军说，"我们必须在伊拉克赢得这场战斗，否则，美国就会在自己家里碰见这些恐怖分子。"[2] 12月13日，萨达姆被美军从其家乡提克里特以南的一个地下室里拖出。驻伊拉克临时管理局负责人保罗·布雷默（Paul Bremer）兴奋地称，"我们找到了他。"萨达姆的被捕对美国来说，是又一个重要的胜利。虽然在之前的一段时间里，美军的伤亡人数飙升，但桑切斯相信未来的形势会变好。

萨达姆被捕以来，美国坚持认为暴力事件是复兴党、亲萨达姆派、前政府的人制造的。暴力流血事件持续不断，到了2004年中，在伊拉克被杀害的美国士兵数量已经超过1000人。伊拉克已经不再是美国在中东推进民主的理想样板，而是"烫手山芋"。

---

[1] "Pentagon: Saddam's sons killed in raid", CNN News, July 23, 2003.
[2] "Lt. Gen Sanchez Interview on CNN", July 27, 2003.

2004年6月28日，美国领导的临时管理局将权力转交给6月1日刚刚成立的伊拉克临时政府。仅2004年一年，在伊拉克遇难的美国士兵就有848人，受伤人数为7989人[①]。美国在伊拉克的伤亡人数不断增加的同时，军费开支也在直线飙升，同海湾战争不同，美国的盟友没有自愿分担它们的份额。

伊拉克的形势变得越来越复杂。"自由伊拉克行动"以来的两年，美国对伊拉克的重建并不成功。2004年10月4日，驻伊拉克临时管理局负责人保罗·布雷默认为美国在伊拉克有两个重大失误：没有部署足够数量的部队，没有充分地控制紧接着发生的抢劫和无法无天的行为[②]。在伊拉克，暴力事件的成因已经非常复杂，逊尼派组成的武装抵抗组织，对什叶派占多数的伊拉克中央政府不满；什叶派和逊尼派则对美军长期的军事占领不满；盟友英国的联军对美军也有不满，重重不满情绪叠加，冲突此起彼伏。与此同时，外国圣战者利用伊拉克中央政权的软弱，从邻国进入伊拉克。早在2003年之前就宣誓效忠本·拉登的阿布·穆萨卜·扎卡维（Abu Musab al-Zarqawi）于2004年10月带领圣战者组织转移到伊拉克，宣布建立激进的"伊拉克圣战基地组织"。"基地"组织未能在萨达姆统治下的伊拉克站稳脚跟，现在小布什进行的反恐战争却帮助他们实现了自己的梦想。美国在中东的军事行动，往往产生意想不到的后果。

虽然美国官方和媒体不断报告，被杀或被捕的叛乱分子数量惊人，但武装抵抗没有松动的迹象。建立有效的伊拉克安全部队，就像建设有效的伊拉克政治机构一样，也常常是进一步退两步。美军发现自己陷入了真正的困境，一场旷日

---

① Dexter Filkins, "844 in U.S. Military Killed in Iraq in 2005", *The New York Times*, January 1, 2006.

② Walter L. Perry, Richard E. Darilek, Laurinda L. Rohn, Jerry M. Sollinger, *Operation Iraqi Freedom: Decisive War, Elusive Peace*, California: Rand, 2015, p.54.

持久的冲突，在遥远的尽头几乎看不到胜利的曙光，而且不承认失败，就没有其他办法退出战争。"2006年，随着伊拉克安全局势的恶化，华盛顿的政治形势也跟着每况愈下。总统的支持率进一步下滑，民众对战争的看法日渐消极。"[1] 巴格达的凯旋进行曲似乎渐渐远去，随着几周的战斗变成几个月，几个月再变成几年，再也没人称"自由伊拉克行动"是一次成功的军事行动了。

三、伊拉克战争的重新定位

2006年2月22日，伊拉克战争又到了一个转折点。这一天，恐怖分子炸毁了萨马拉的阿斯卡里清真寺，这是什叶派的圣地。这次爆炸事件是逊尼派恐怖分子向什叶派的挑战，逊尼派与什叶派的教派冲突演变成为武装斗争。伊拉克濒临内战边缘，"到处都是扬言复仇的暴徒"[2]。什叶派一心报复，袭击了数十座逊尼派清真寺，还暗杀了逊尼派教长。作为萨马拉爆炸案的直接后果，伊拉克内部冲突的根本性质改变了，教派之间的冲突、民族之间的冲突、政府与反政府力量的冲突，这些与美军的占领有关，也不完全有关，美军发现自己处在各种冲突与矛盾的"风暴眼"。2006年5月20日，经过一番激烈的斗争，什叶派领导人努里·马利基首次组建内阁，成立战后的第一个政府。此时的美国不得不面对以下四个关键的事实："第一，最大的挑战是来自各种组织的极端分子；中心地区正被侵蚀，宗教分裂主义十分活跃；第二，由于缺

---

[1] 罗伯特·盖茨著，陈逾前、迩东晨、王正林译：《责任——美国前国防部长罗伯特·盖茨回忆录》，广州：广东人民出版社，2016年版，第30页。

[2] Robert F. Worth, "Blast at Shiite Shrine Sets off Sectarian Fury in Iraq", *The New York Times*, February 23, 2006.

少基本的安全保障，伊拉克的政治进程无以为继；第三，伊拉克领导人为求左右逢源，正在积极推动不同宗派的主张，既有谋取狭隘利益的考虑，又有历史情愫的动因；第四，美国人民对于伊拉克战争的耐心正在下降，如果他们还有耐心的话。"① 到了2006年底，美国在伊拉克累计的死亡人数已经接近"9·11"事件的死亡总数，更有超过2万名美军受伤。

2007年1月，小布什总统任命戴维·彼得雷乌斯（David Petraeus）为新的驻伊拉克总司令。在彼得雷乌斯的领导下，美军对伊拉克的战争性质、作战方式进行了重新定位，利用小布什政府增兵伊拉克的机会，对伊拉克反叛武装进行了大规模打击。到2007年秋，美军的伤亡人数开始逐渐减少。在巴格达的美军人员伤亡总数也大幅下降，暴力冲突和自杀式袭击的数量开始回落。美国还动员逊尼派温和组织加入反对"基地"组织的斗争中，向他们提供资金和武器装备，温和的逊尼派组织开始抗击"基地"组织，并自愿为伊拉克军队服务。彼得雷乌斯估计，随着局势日趋稳定，美国可以逐步减少在伊拉克的军事部署，到2008年夏，美国驻扎在伊拉克的部队将减少到增兵之前的水平②。到2007年，越来越多的美国人厌恶伊拉克战争，他们想要摆脱伊拉克战争，而且越快越好。小布什总统在任期内最后一次访问巴格达时签署了一个框架协议，宣布撤出美国的军队③。在小布什总统执政八年的时间里，美国的军费预算从每年的3000多亿美元增加到

---

① 罗伯特·盖茨著，陈逾前、迩东晨、王正林译：《责任——美国前国防部长罗伯特·盖茨回忆录》，广州：广东人民出版社，2016年版，第47页。

② United States Senate, Committee on Armed Services, "The Situation in Iraq and Progress Made by the Government of Iraq in Meeting Benchmarks", September 11, 2007.

③ George W. Bush, "Remarks at the United States Military Academy at West Point", December 9, 2008, http://www.presidency.ucsb.edu/ws/? pid = 85092.（上网时间：2016年8月9日）

6000多亿美元，翻了近一倍，到小布什总统2009年离任时，财政赤字已突破万亿美元[1]。美国军费开支情况参见表3—2：

表3—2 美国军费开支情况

年份	军费预算（单位：亿美元）	实际开支（单位：亿美元）
2003	3554	4174
2004	4013	4550
2005	4200	5376
2006	4533	5287
2007	5129	5470
2008	4596	6070
2009	6120	6610

资料来源：世界银行数据库。

即便如此，美国政府仍然没有足够的资源同时应付伊拉克战争和阿富汗战争这两场战争。伊拉克本来是美国"大中东民主计划"的样板和开端，也是美国清理"邪恶国家"的起点。但是，美国在伊拉克的尝试失败了，巴格达曾经被小布什政府当作通往中东的中转站，现在已经是一条死胡同。

奥巴马在2008年的竞选过程中，承诺在不损害国家名誉的前提下退出战争[2]。2009年1月20日，奥巴马就任总统，宣布伊拉克战争已经接近尾声。奥巴马结束战争的计划将把美国的战斗部队从伊拉克内战中解放出来，以新的方式推动伊拉克内部的和

---

[1] "Budget Deficit History", usgovinfo.about.com/od/federalbudgetprocess/a/Budget-Deficit-History.html. （上网时间：2016年4月24日）
[2] "Obama's Speech on Iraq", March 18, 2008, cfr.org / elections / obamas - speech - iraq - march - 2008 / p15761. （上网时间：2016年6月7日）

解①,美国士兵打包行李回家的时候已经到来。2010年8月,美国的战斗部队撤离了伊拉克。与伊拉克政府签署的协议规定,美国军队将在2011年全部撤出。至少,从形式上看伊拉克战争已经划上了句号。2011年11月,据统计暴力致死的伊拉克平民有10至11万,至少有25万伊拉克平民受伤。自2003年以来,这场战争使200万伊拉克人逃往国外,包括叙利亚、约旦以及欧洲和美国,美国的战争花费超过8000亿美元②。

小 结

冷战结束后的美国面临着不一样的世界格局,布什总统以"世界新秩序"的视角来看待中东的一切问题。与此同时,美国中东军事战略路径改变的力量继续积累,最终由量变达到质变。1990年8月,伊拉克入侵科威特后,"国家利益论""中东形势复杂论"所关注的变量,一致指向了出兵海湾。从1991年海湾战争开始,美国中东军事战略从离岸平衡转向了大规模干预。海湾战争刚刚结束时,美国对海湾的政策是"双遏制",同时遏制伊朗和伊拉克,保护阿拉伯石油生产国。到20世纪90年代末,美国的政策目标调高了,要对伊拉克进行政权更迭。

2001年"9·11事件"后,美国在中东的直接军事卷入力度进一步加大,最终以2003年的伊拉克战争为标志,大规模军事干预达到了顶点,此后开始回落。2003年,美国入侵伊拉克,成为始自1990年以来美国在中东大规模干预战略的巅峰,其规模、代

---

① Barack Obama: Tunring The Page in IRaq, http://www.nytimes.com/packages/pdf/politics/20070912obama_iraq.pdf.(上网时间:2016年4月3日)
② Youssef Bassil, "The 2003 Iraq War: Operations, Causes, and Consequences", *Journal Of Humanities And Social Science*, Volume 4, Issue 5, Nov-Dec 2012, p.29.

价、持续时间都是美国介入中东以来最大的。可以预见，在今后相当长的时间内美国再也不会发动同等规模的中东战争了。以2011年美国战斗部队全部撤出伊拉克为标志，美国在中东的大规模军事干预战略画上了句号。

第四章

有限干预战略时期
（2011年以来）

2011年，美国战斗部队全部撤出伊拉克，是美国中东军事战略的重要关节点，标志着始自1991年的大规模干预战略的结束。同年，"阿拉伯之春"运动席卷整个阿拉伯世界，中东地区进入了第一次世界大战结束以来最动荡的时期。面对这两个重大事件，奥巴马政府对中东形势的评估、对美国中东军事战略的考量都发生重大变化，美国中东军事战略进入了有限干预时代。

第一节 美国的国家利益变化

国家利益是美国决定其中东军事战略的基础性因素，因而也被认为是影响美国中东军事战略的最重要变量。2011年美国总统奥巴马曾指出，美国在中东地区的"核心利益"包括：（1）维护中东对世界的能源供应；（2）反恐；（3）防止核武器和其他大规模杀伤性武器的扩散;(4)保卫阿拉伯国家的安全,促进巴以和谈①。2013年奥巴马参加联合国大会时再次强调,美国在中东的核心利益是反恐、能源、盟国安全和防止大规模杀伤性武器扩散。从奥巴马的两次讲话可以看出,在其任期内美国在中东的核心利益没有变化,甚至同过去历任总统对美国在中东的核心利益的定位相比较,也基本上没有大的变化。但是,对于每个项目的重要性的评估,从2011年开始却发生了重大变化。不论是在美国还是在中东地区,一种主流的观点认为美国对中东能源的依赖下降,因而美国在中东的利益下降了,中东对美国不重要了,美国正在撤出中东。

一、能源角度

美国在中东的能源利益主要包括三个方面:一是能源供应;二是能源价格;三是盟国的能源安全。在供应问题上,过去10年美国对中东能源依赖的程度一直在下降。美国的石油消费量在2004年达到顶峰,此后以近年来全球石油市场从未有过的惊人速度下滑②。由于生产能效提高,虽然美国的国民生产总值仍然在不断增长,但是能源的消费总量却不再增长。与此同时,尽管原有的常规油井已大量枯竭,但是在页岩油的生产成规模后,美国的石油产量大幅提高。美国石油活跃钻井数参见图4—1:

---

① Office of the White House Press Secretary, "Remarks by the President on the Middle East and North Africa", Washington D. C.: The White House, May 19, 2011, https://obamawhitehouse.archives.gov/the-pressoffice/2011/05/19/remarks-president-middle-east-and-north-africa. (上网时间:2016年10月12日)

② Explaining the U.S. Petroleum Consumption Surprise, June 2015, https://obamawhitehouse.archives.gov/sites/default/files/docs/explaining_ us_ petroleum_ consumption_ surprise_ final. pdf. (上网时间:2016年8月6日)

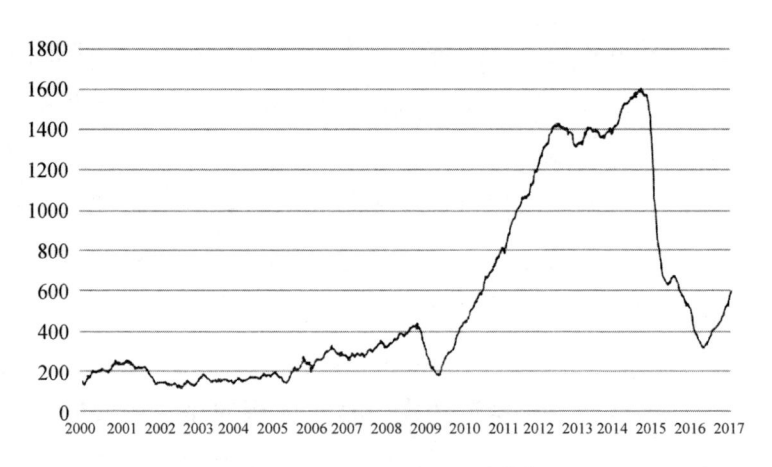

图4—1 美国石油活跃钻井数

资料来源：财经网。

一方面，美国的消费不再增长了，另一方面，美国的生产持续增加，因此美国的进口量大幅下降，特别是美国对中东的能源进口下降最快，2011年以来北美洲是美国进口能源的主要来源，约占进口份额的1/3。2015年美国从中东日进口石油约150万桶，这是1987年以来中东石油占美国进口量比重最小的时候。美国目前仍在维持一定的中东石油进口比重，主要是出于政治方面的考虑，从经济角度看美国完全可能做到不再从中东进口石油。因此，从美国自身的石油供应看，中东确实对美国不再那么重要了。如果将美国石油依存度按以下公式计算，依存度＝（消费量－生产量/消费量）×100%，近年来美国对石油的依存度在下降，美国从中东进口的石油量也在减少，参见表4—1：

表 4—1　美国石油依存度和中东石油进口量（单位：Mt/百万吨）

年份	生产量	消费量	依存度%	美国石油进口总量	中东进口量	占总量%
2005	313.3	939.8	67.1	666.7	116.5	17.5
2006	310.2	930.7	66.7	671.0	113.2	16.9
2007	209.8	928.8	67.1	671.9	110.4	16.4
2008	304.9	875.8	65.2	636.6	119.7	18.8
2009	328.6	832.2	60.6	564.9	86.9	15.4
2010	339.9	849.9	60.0	577.1	86.0	14.9
2011	352.3	833.6	57.7	559.8	95.6	17.1
2012	394.9	819.9	51.8	524.5	108.0	20.6
2013	446.2	831.0	46.3	483.5	100.1	20.7

资料来源：财新周刊，http://www.wusuobuneng.com/archives/16002。

但是，从能源价格角度看，问题似乎又不一样了。石油是一种高度商品化的物品，价格完全是由国际供求关系决定的。美国可能不从中东进口石油，只要中东石油仍然占据国际石油市场足够大的份额，中东动荡引起本地区石油产量下降，还是可能引起国际石油价格上涨的，美国经济当然也会受到影响。恰恰在这一方面，中东石油还很重要。目前，中东每天生产石油3100万桶左右，占全球产量的35%[1]，这个量足以引起国际石油价格的大幅波动。因此，从石油价格角度看，中东石油对美国仍然比较重要。更何况，美国作为全球唯一的超级大国，拥有80多个盟友，这些国家的石油供应安全、价格安全、运输安全，仍然需要美国保护，在这方面美国的利益并没有减少。由此可见，中东石油对美国的重要性下降，但是很难说中东石油对美国不再重要了。

---

[1] IEA 的 BIROL：中东在全球石油产量中所占比例35%，http://finance.sina.com.cn/money/forex/datafx/201611-16/doc-ifxxwmws2947815.shtml.（上网时间：2016年12月21日）

二、中东政治形势

从中东政治形势看，随着突尼斯本·阿里政权的垮台，中东地区长期积蓄的对社会不发展、强权、腐败等问题的仇恨之火被点燃。2011年后的中东地区政治不稳定、安全形势恶化、矛盾冲突复杂化，局势的不可预测性大大增加。"阿拉伯之春"以来，中东正处于第一次世界大战后，现代国家体系建立以来最动荡的时期。在不确定的中东局势下，伊朗却保持了相对稳定的内部环境。伊核全面协议达成，部分经济制裁取消，伊朗的外部环境也明显改善，正在一步步走向崛起。2014年6月，宣布建立的"伊斯兰国"成为横跨伊拉克和叙利亚的一个政治实体，制造的恐怖事件令世人发指。也门的哈迪政府、前总统萨利赫、胡塞武装三者陷入了胶着的内战，也门同时也成为了伊朗和沙特的博弈场。伊拉克在美军撤离后，遭遇了"伊斯兰国"的攻城略地，国内危机加重。2011年以来叙利亚的巴沙尔政权四面楚歌，叙利亚陷入六方混战，政府军、自由军、伊斯兰阵线、胜利阵线、"伊斯兰国"、库尔德武装暴力冲突不断，和谈举步维艰。埃及穆巴拉克倒台后"穆兄会"领导人穆尔西赢得大选，但不久后大规模示威游行爆发，塞西于2014年当选总统。利比亚国内紧张局势愈演愈烈，执政42年的卡扎菲结束了对国家的统治。沙特用石油获得的财富，以高福利平息了国内的不满情绪，已经逐渐成为该地区的"领导人"。但是，沙特的政治影响和军事实力不足以领导阿拉伯世界，于是沙特开始寻求传统大国埃及的支持，而埃及也迫切需要沙特的经济援助。2013年7月，埃及"穆兄会"政府倒台以来，两国一直保持着相对稳定的合作关系。沙特为埃及塞西政府提供了数百亿美元的援助，两国还密切讨论强化军事合作，提出建立统一的阿拉伯联合部队计划。2011年以来中东地区原有的权力平衡被打破，新的平衡正在建立。

2011年，正当美国按计划全部撤出驻伊拉克的部队，结束持续多年的伊拉克战争时，"阿拉伯之春"的爆发让美国始料不及。"茉莉花革命"之势迅速蔓延，多国时局动荡，埃及的革命和反革命，叙利亚、伊拉克、也门和利比亚的内战等地区问题，使美国不得不重新看待中东地区的安全形势。2012年，有美国学者提出，中东可能进入长期的动荡，类似于1618—1648年欧洲的三十年宗教战争，当时多数观察家认为这种判断太过于悲观。然而时间到了2017年，中东的每一场危机似乎都在恶化，把当前的中东形势比作欧洲的三十年战争似乎又太乐观了，没有人敢预言中东将在多少年后进入一个长期的和平状态。中东地区的历史积怨深、种族部落庞杂、宗教派系纷争等问题集中发酵，特别令人担忧的是"伊斯兰国"在2014年的发展壮大。这个恐怖组织在伊拉克和叙利亚获得大片领土，拥有自己的政府、军队和领土，是一个准国家的机构，这是恐怖主义发展历史上史无前例的。对于在全球范围内发动反恐战争的美国来说，这是不能容忍的。

美国作为中东地区最重要的域外力量，究竟采取怎样的应对战略，变成了一个最大的不确定因素，使得中东政治变得更加复杂。自从美国大规模开发页岩油，推动清洁能源革命以来，美国的页岩油、页岩气产量和风能、水能等清洁能源的利用率不断提高，有专家预测，到了2040年美国实现能源独立不再是一个梦想，而且很可能在不远的将来就变成现实。有一种论调认为，美国不再需要中东的能源，因此中东对美国不再重要了，美国也不会再投入大量资源保护其在中东的盟友了。奥巴马任职期间，美国放任埃及总统穆巴拉克政府垮台；在叙利亚政府使用化学武器时没有实施军事打击；美国同伊朗妥协，达成了核协议，同意解除对伊朗的制裁；美国从也门撤出，放任沙特干预也门事务；美国允许俄罗斯在2015年9月空袭叙利亚境内的"伊斯兰国"，让俄罗斯在中东的影响力快速上升。这一系列事件似乎预示着，美国确实不再愿意大规模卷入中东事务。阿拉伯国家纷纷开始质疑美国的中东军事战略，一部分领导人公开地批评美国自从发现新能源以来，已经不再视中东稳定为其重要利益；一些阿拉伯国家担心，美国会收缩对中东的投入，搞"亚太再平衡"战略，将关注点转向南海问题、乌克兰危机、朝核问题。中东新旧问题尚未消停，"伊斯兰国"极端恐怖组织在伊拉克异军突起，迅速蔓延，威胁层级不断上升，美国的应对也水涨船高。尽管如此，美国的中东盟友还是批评美国一心想撤出中东，对中东问题三心二意，并没有全力解决中东困局[1]。特朗普上台后，美国是否会继续为中东盟国提供安全保护成为传统盟友的担忧。然而，即使美国真的能够实现能源独立，美国在中东仍然有重要利益，而且新出现的问题和危机总是能将美国重新拉回中东。通过与中东的盟友寻求良好的军事合作关系，应对潜在冲突，仍然是美国中东军事战略的最佳途径之一。

即使美国不再需要中东石油，中东地区对美国依然十分重要，美国石油产业的繁荣并不能帮助美国逃避地缘政治危机[2]。从路径依赖的方面看，伊拉克战争确实对传统的大规模干预战略造成了毁灭性打击，促使美国决策者决定性地离开旧的路径，寻求新的路径。特别是伊拉克战争的失败，让美国蒙上了沉重的阴影，被称为"伊拉克战争综合症"，其影响力只有越南战争可以比拟。美国决策者、公众对大规模军事干预高度警惕，可以说在相当长的时间内，除非涉及到美国直接的核心利益，美国大规模出兵海外的事件不会再发生了。2011年2月，国防部长罗伯特·

---

[1] 翟崑、余凯茜：" '亚太—中东' 联动对奥巴马政府战略重心东移的制约"，《国际观察》，2015年第2期。

[2] Steven A. Yetiv, *Myths of the Oil Boom: American National Security in a Global Energy Market*, Oxford, New York: Oxford University Press, 2015, p. 199.

盖茨（Robert Gates）曾说："在我看来，未来任何国防部长建议总统再次发动一场亚洲、中东或非洲的地面战争，都应该检查自己的大脑。"① 奥巴马在 2014 年的《国情咨文》中说："除非是必须的，我不会把我们的部队带入危险的地方，我也不会允许我们的子女陷入永无止境的战争泥潭。我们只打那些必须打的战役，而不是被恐怖分子拉入大规模的消耗战。"②

综上所述，尽管美国能源的独立性在增强，但是美国在中东仍然有国家利益需要保护，随着中东形势的不确定性加大，美国军事卷入的风险大大增加，军事手段能够解决问题的可能性越来越小。与此同时，伊拉克战争的阴影影响着美国决策者的思维模式。在这种情况下，奥巴马政府放弃了大规模干预战略，采取相对灵活的有限干预战略，美国中东军事战略形成了新的路径。

第二节 利比亚战争

2011 年初，爆发于突尼斯的"茉莉花革命"如一块倾倒的多米诺骨牌，迅速传导到了中东其他国家。2 月 15 日，利比亚爆发大规模示威游行，抗议政府腐败、治理不善和侵犯人权，要求卡扎菲下台。抗议活动很快就由利比亚第二大城市班加西蔓延到了东部和中部沿海地区。卡扎菲派安全部队进行镇压，反对派快速集结起来，成立了全国过渡委员会，抵抗卡扎菲政权的武装镇压。反对派要求推翻卡扎菲政权，结束长达 42 年的独裁统治，建

---

① Greg Jaffe, "In one of final addresses to Army, Gates Describes vision for military's future", *The Washington Post*, February 25, 2011.

② "Full Transcript: Obama's 2014 State of the Union Address", *The Washington Post*, January 28, 2014, https://www.washingtonpost.com/politics/full-text-of-obamas-2014-state-of-the-union-address/2014/01/28/e0c93358-887f-11e3-a5bd-844629433ba3_story.html. （上网时间：2016 年 9 月 1 日）

立民主政体，内战全面爆发。卡扎菲随后夺回了反对派控制的的黎波里国会大厦，然后进军中部沿海城市，一路向班加西推进。卡扎菲声称，"要对反对派穷追猛打，像对待老鼠一样消灭他们。"①

美国公民在2011年2月陆续从利比亚撤离后，奥巴马总统宣布对利比亚实行单方面的制裁，冻结了利比亚在美国约300亿美元的资产。与此同时，奥巴马总统试图就利比亚问题寻求广泛共识。2月下旬，联合国安理会通过了第1970号决议对利比亚实行武器禁运，冻结卡扎菲政权的资产，并将卡扎菲的战争罪提交到国际刑事法庭进行审判。联合国安理会的决议刚刚通过，法国总统萨科齐就带头呼吁对利比亚进行军事干预。奥巴马总统谴责了利比亚国内的暴力行径，"表示坚决支持利比亚人民的普遍权利，像所有政府一样，利比亚政府有责任避免暴力，允许人道主义援助给予有需要的人，并尊重人民的权利。利比亚政府必须对其不履职承担责任，并对继续侵犯人权付出代价。"② 奥巴马政府内部在如何应对利比亚局势问题上存在严重分歧。美国驻联合国大使苏珊·赖斯（Susan Rice）和国家安全事务助理萨曼塔·鲍威尔（Samantha Power）认为利比亚将会发生大屠杀，应该军事介入。美国曾在卢旺达和波斯尼亚事件中，因为军事干预缺失或是延迟造成了数百万人丧生，美国不应该让这样的悲剧重演。副总统拜登、国防部长盖茨对军事干预持审慎态度。盖茨认为："利比亚革命无法威胁美国的核心利益，无论利比亚当局多么丑陋，都反

---

① Leila Fadel and Anthony Faiola, "Brutal setbacks for Libya rebels", *The Washington Post*, March 5, 2011.

② The White House, Office of the Press Secretary, "Remarks by the President on Libya," Washington, D.C., February 23, 2011.

对美国对其发动战争，促使政权更迭。"① 早在1986年，因利比亚为恐怖组织提供支持，美国已停止与利比亚的外交关系，并对利比亚实施制裁。2002年，卡扎菲宣布放弃进一步发展核能和大规模杀伤性武器后，美国消除了对利比亚的制裁。尽管美国再次开始从利比亚进口石油，但只占美国石油进口的0.6%，这个数量的石油可以轻易地从其他地方进口，利比亚对美国来说，没有重要的战略意义，不是美国的战略资产。

随着利比亚局势的恶化，奥巴马政府内部对是否军事介入的讨论也愈演愈烈。英国、法国出于地缘政治和经济等方面原因，支持发动军事行动推翻卡扎菲政权。卡扎菲在阿拉伯世界几乎没有朋友，主要的几个阿拉伯国家都乐意看到其政权垮台。阿拉伯国家联盟也史无前例地支持军事干预利比亚，呼吁实行"禁飞区"以保护利比亚平民和外国公民的安全。随后，联合国安理会在3月17日通过了第1973号决议，在表决过程中俄罗斯和中国投了弃权票。该决议表示，提供"一切必要手段"，保护被卡扎菲部队攻击的利比亚平民。3月19日，美国与盟国部队在联合国安理会的授权下共同发动了"奥德赛黎明"行动（Operation Odyssey Dawn）。这是一次多国部队共同实施的军事行动，意大利、法国、希腊等北约国家首先发起了空袭，随后比利时、加拿大、丹麦、荷兰、挪威、西班牙、卡塔尔和阿联酋都加入了这一行动，前后总共有12个国家参与此次军事行动。美国在发射数枚"战斧"导弹摧毁利比亚的防空体系后，将指挥棒交给了英国和法国。美国对利比亚的此次行动被称为"从后面领导"（Lead from Behind），同其他空袭行动相比，美国在"奥德赛黎明"行动的参与度较小。1991年以来，美国参与的几次重要空袭行动情

---

① 罗伯特·盖茨著，陈逾前、迩东晨、王正林译：《责任——美国前国防部长罗伯特·盖茨回忆录》，广州：广东人民出版社，2016年版，第503页。

况见参表 4—2：

表 4—2　美国参与的主要军事行动

年份	目标国家	行动名称	联军飞行次数	美军飞行比例
1991	伊拉克	沙漠风暴 Desert Storm	118700	85
1995	波斯尼亚	慎重武力 Deliberate Force	3500	66
1999	塞尔维亚	盟军行动 Allied Force	38000	39
2001	阿富汗	持久自由 Enduring Freedom	23900	86
2011	利比亚	奥德赛黎明 Odyssey Dawn	26300	27

资料来源：Karl P. Mueller, *Precision and Purpose*: *Airpower in the Libyan Civil War*, Rand, 2015, p. 4.

几个月后，对卡扎菲部队的空袭和向反对派提供的援助取得了效果，卡扎菲政权崩溃，本人被叛军杀害。同一天奥巴马在电视演讲中称，"多边合作取得了积极的成果，我们证明了多边合作在 21 世纪的意义。"[①] 奥巴马总统在避免了克林顿总统卢旺达错误的同时，保持了对中东地区有限的军事干预。

第三节　叙利亚战争

2011 年 3 月，"阿拉伯之春"蔓延到了叙利亚，在南部城市德拉（Deraa）爆发了民主抗议活动，阿萨德的政府军向示威者开枪并逮捕了绘制革命标语的青少年。这个自 1970 年以来一直由哈菲兹·阿萨德统治并成功将权力移交给儿子巴沙尔·阿萨德的独裁家族，在 40 多年的执政过程中产生了大量的社会矛盾。虽然

[①] Martin S. Indyk, Kenneth G. Lieberthal, Michael E. O'Hanlon, *Bending History*: *Barack Obama's Foreign Policy*, Washington D. C.： Brookings Institution Press, 2012, p. 165.

巴沙尔·阿萨德自 2000 年上台就推动了一系列被称为"大马士革之春"的改革，但是由于执政经验不足和保守派掣肘等多重原因，改革迅速失败，叙利亚经济衰退加剧。长期的经济不发展、贫富悬殊、贪污腐败等社会问题引发了国内民众对叙利亚政府的强烈不满，这种愤怒的情绪因政府的严厉镇压而不断激化，外加突尼斯和埃及的革命势头，给叙利亚的民主积极分子带来了希望。示威游行迅速在全国范围内扩大，到了 2011 年 7 月，成千上万的示威人群走上街头。对阿萨德政府不满的叙利亚人民最初要求政治改革，后来要求阿萨德政府直接下台。阿萨德政府最初采取了少量的安抚措施，紧接着就开始了残酷的镇压，最终示威游行演变成了暴力冲突，政府与社会的矛盾发展成为民族之间的冲突、地区之间的对立、教派之间的斗争，内战全面爆发，地区和国际力量也介入了内部冲突，形势越来越复杂。

对中东地区许多国家来说，叙利亚内战是一个重要的安全问题。沙特和卡塔尔等逊尼派领导的海湾国家认为，从伊朗跨过伊拉克和叙利亚延伸到黎巴嫩南部的"什叶派新月"地带，对它们的国家安全构成了威胁。叙利亚内战的结果将决定未来的叙利亚是一个亲伊朗的国家还是一个亲沙特的国家，因此他们为叙利亚的伊斯兰逊尼派武装组织提供大量的武器装备及政治和资金支持。2011 年 8 月，沙特的阿卜杜拉国王作为第一个公开谴责现任阿萨德政府的阿拉伯领导人，指责其铁腕处理国内的抗议活动[1]。在沙特和其他阿拉伯国家看来，推翻阿萨德政府是叙利亚内战最优先、最重要的事件，因为阿萨德政府是伊朗的盟友。叙利亚内战爆发以来，伊朗一直是阿萨德政权的支持者，"最初通过圣城

---

[1] VP Haran, "Roots of the Syrian Crisis", IPCS Special Report, No. 181, March 2016, p. 6.

旅为其提供技术和资金支持"①，随后又为政府军提供了大量武器和军事训练。伊拉克在总理马利基时期，外交政策是亲阿萨德政权的，也是支持伊朗的。2011年"阿拉伯之春"后，伊拉克在叙利亚问题上既要同美国保持一定的协作，同时还要维持其亲阿萨德政权的基本立场，往往在两者之间搞平衡。伊拉克作为叙利亚的邻国，美军正在全面撤离，国内局势还存在不稳定因素，如果此时叙利亚内战持续，暴力势头很可能蔓延到伊拉克。最初，黎巴嫩政府试图在这场冲突中保持中立，避免直接卷入这场战争。但是，随着战争形势的发展变化，"真主党"进入叙利亚为阿萨德政府提供军事支援。"伊斯兰国""基地"组织分支努斯拉阵线（The al-Nusra Front）对黎巴嫩的威胁上升。黎巴嫩国内已经遭遇了几起与叙利亚相关的恐怖袭击，这种趋势可能进一步加剧。尽管埃及与沙特在大多数问题上保持一致，但在叙利亚问题上却持保留态度。塞西上台后埃及更加担心政治伊斯兰势力，因而视叙利亚境内伊斯兰武装组织为首要敌人，阿萨德政府的去留已经不再是关注的重点。

美国在叙利亚动荡刚刚开始时就表明了自己的立场，奥巴马总统呼吁阿萨德必须下台，并推动联合国安理会通过了多项政治上孤立、经济上制裁叙利亚的决议案。因为阿萨德政府同伊朗保持着密切的关系，以沙特为首的阿拉伯逊尼派君主制国家领导人一直批评美国对逊尼派武装组织的支持力度不够，他们要求美国为叙利亚温和反对派提供更具杀伤性的武器援助，还应当在叙利亚划出禁飞区，限制叙利亚空军的制空权，从空中支持反对派对政府的攻击。尽管美国为温和反对派组织提供了少量的杀伤性武

---

① Aniseh Bassiri Tabrizi and Raffaello Pantucci, "Understanding Iran's Role in the Syrian Conflict", Royal United Services Institute for Defence and Security Studies, August 2016, p. 4.

器援助，以及其他一些后勤物资，但是美国一直不愿意让自己在叙利亚内战中扮演中心角色。美国参谋长联席会议主席马丁·邓普西（Martin Dempsey）警告，在身份不明确的情况下，不要武装反对派。事实证明邓普西的警告是正确的，给予叙利亚反对派的情报、资金和装备很快就落入了基地组织和其他恐怖组织的手中[1]。美国政府担心，叙利亚温和反对派可能与更激进的伊斯兰武装组织合作，或者像过去一样被更激进的伊斯兰武装组织打败并夺走武器。叙利亚局势动荡加剧，越来越多的平民流离失所，伤亡人数不断攀升，人道主义压力倍增，恐怖组织威胁增加。2012年2月，美国关闭了在大马士革的大使馆。2012年以来，奥巴马政府一直在尝试通过多边努力以谈判的形式解决冲突。

2013年8月，叙利亚政府军在大马士革郊区对手无寸铁的平民使用化学武器，这种行为越过了美国划定的红线，全世界的目光都关注美国将如何回应。奥巴马政府曾经做好空中打击叙利亚的准备，但在最后一刻奥巴马改变主意，取消了打击。取而代之的是，俄罗斯提出了销毁叙利亚化学武器的方案，避免了美国的军事打击，美国同意了俄罗斯的方案。在这个问题上，美国同阿拉伯国家之间产生了矛盾，因为双方关注的首要问题有差异。美国关心的是在战争中使用化学武器的问题，阿拉伯国家关心的则是找机会改变叙利亚境内各派军事力量平衡的问题。美国国务卿约翰·克里认为，"我们要在不出动地面部队、不进行旷日持久地面行动的前提下，开展有限的、目标明确的、短期的打击，以降低阿萨德政府军运输化学武器的能力。同时，也可以避免美国承担叙利亚内战的责任。"[2] 可见，即使美国实施对叙利亚的空中

---

[1] VP Haran, "Roots of the Syrian Crisis", IPCS Special Report, No. 181, March 2016, p. 10.

[2] Aaron Blake, "Kerry: Military Action in Syria would be 'unbelievably small'", *The Washington Post*, September 9, 2013.

打击，其规模也非常小，目标也非常有限，不会达到改变叙利亚军事力量平衡的目的。随着时间的推移，叙利亚问题呈现出长期性和复杂性的特征。奥巴马政府官员经常断言，"叙利亚问题没有军事解决的方案"①。美国要尽可能避免成为叙利亚内战的参战方，这是伊拉克战争给予的最大教训。

第四节 "伊斯兰国"

2014年6月29日，阿布·贝克尔·巴格达迪（Abu Bakr al-Baghdadi）在摩苏尔的努里清真寺正式宣布建立"伊斯兰国"，在其控制的伊拉克和叙利亚领土上建立一个新的哈里发国家。巴格达迪称自己为所有穆斯林的领袖，将大量外国圣战者统一在黑旗之下，企图打破原有的中东边界。"伊斯兰国"的出现引起了全世界的震惊，是最危险的圣战组织之一，其实早在2011年这一极端组织就开始发展壮大，伊拉克和叙利亚内部的矛盾和动荡的局势为"伊斯兰国"的出现提供了可能。2011年，美国从伊拉克撤离部队后，给马利基总理的统治提出了挑战，为了巩固自己的执政地位，马利基驱逐了内阁中大量的逊尼派成员，疏远了库尔德人。伊拉克的政治格局极为分化，逊尼派和库尔德人对马利基及其什叶派主导的政府极为不满。尽管马利基总理不断加大伊拉克安全部队的建设，但是国内叛乱依然难以平息，安全部队的势力仍然相当薄弱。"伊斯兰国"就是在伊拉克的教派斗争和民族冲突中成长起来的，既是伊拉克国内政治斗争的产物，也是伊拉克陷入内乱的助推器。2011年以来，叙利亚内战不断加剧，让这一

---

① Carla E. Humud, Christopher M. Blanchard, Mary Beth D. Nikitin, Armed Conflict in Syria: Overview and U. S. Response, Congressional Research Service Report, October 13, 2017, p. 26.

极端组织的生存空间进一步扩大。"伊斯兰国"通过整合军事资源，不断扩大在叙利亚的控制范围，而且建立了包括宗教、教育、司法、安全和基础设施在内的整体治理体系。2013年4月，巴格达迪已经宣布将"伊拉克伊斯兰国"和"基地"组织在叙利亚的分支努斯拉阵线统一组成"伊斯兰国"（ISIS），这标志着巴格达迪的野心发生了重大转变，并不只专注于伊拉克，而且试图控制在叙利亚的行动[1]。2013年，美国和阿拉伯国家已经开始关注黎凡特地区的"伊斯兰国"的行动，但是当时他们要解决的首要矛盾是伊拉克的安全问题和阿萨德政权的生存问题，恐怖组织的活动并未引起足够重视。

2014年1月，"伊斯兰国"将叙利亚北部城市拉卡设立为"首都"。6月10日，"伊斯兰国"发动了史无前例的攻势占领了伊拉克的摩苏尔，中东国家意识到了问题的严重性，纷纷表示愿意参加由美国组织的国际反恐联盟。沙特和阿联酋对"伊斯兰国"在叙利亚和伊拉克活动高度警惕，担心这股势力对本国的渗透，因而加强了本国的反恐措施，加大了法律的惩治力度，对于参与或者支持"伊斯兰国"等极端组织的圣战者处以死刑。约旦在接纳了数十万叙利亚难民后又面临"伊斯兰国"跨越边界建立安全区域的威胁，打击"伊斯兰国"的紧迫性不断增强。"伊斯兰国"对叙利亚和伊拉克领土的吞噬，也威胁到了伊朗的国家安全。伊朗一直支持叙利亚和伊拉克两国的政府，派出地面部队帮助抵抗国内反对派的军事打击。"伊斯兰国"崛起以后，伊朗的军事目标又增加了对抗"伊斯兰国"的极端主义行动。2014年11月，埃及最活跃的圣战组织安萨尔·贝特·马克迪斯（Ansar Beit al-Maqdis），宣布效忠"伊斯兰国"，成为"伊斯兰国"在伊

---

[1] Dana Hadra, "ISIS: Past, Present and Future?: Pro-ISIS Media and State Formation", Boston College Thesis, April 2015.

拉克和叙利亚之外最大的战斗组织。该组织于7月19日，在西部沙漠制造的袭击事件造成至少21名埃及士兵丧生，10月24日，在西奈半岛的袭击事件造成至少31人遇难[①]。安萨尔·贝特·马克迪斯招募了大量经验丰富的战士，在"伊斯兰国"的资金和武器支持下必将造成更大的威胁。"伊斯兰国"的发展壮大给中东国家带来了前所未有的恐慌，对恐怖主义的打击迫在眉睫。

美国自2014年8月8日起对伊拉克境内的"伊斯兰国"组织进行空袭，这是2011年美国撤离全面部队后的首次军事行动。空袭行动范围不断扩大，截至2014年9月底，行动已延伸到叙利亚。美国并非孤军作战，阿拉伯国家也参与了空中打击叙利亚和伊拉克的"伊斯兰国"的军事行动。在阿拉伯国家中，沙特、约旦、阿联酋、巴林都派出飞机参与了空袭，卡塔尔则为阿拉伯国家的空袭提供了地面支援。美国和阿拉伯国家使用战斗机和轰炸机以及"战斧"导弹攻击"伊斯兰国"目标。2014年9月，美国宣布要帮助训练和武装伊拉克安全部队和叙利亚温和反对派。该计划准备派遣上千名美国军事顾问和士兵前往伊拉克帮助马利基总理训练安全部队，在叙利亚计划每次训练近千名温和反对派武装分子，并且为其提供防御性武器。美国原本打算将这些培训的战士变成对抗阿萨德政府军、努斯拉阵线、"伊斯兰国"的武装力量，但是军事训练并非十分顺利。当美国加大对叙利亚反对派的军事支持时，美国与沙特等阿拉伯国家之间又产生了新的矛盾。阿拉伯国家支持美国对"伊斯兰国"的军事打击，但是如果对"伊斯兰国"的打击成为对阿萨德政权减压，这是阿拉伯国家所不能接受的。

美国在空中打击"伊斯兰国"的同时，也展开了积极的外交

[①] David D. Kirkpatrick, "Militant Group in Egypt Vows Loyalty to ISIS", *The New York Times*, Nov. 10, 2014.

攻势。2014年9月，美国呼吁在全球范围内建立打击"伊斯兰国"的国际同盟，有60多个国家和组织愿意加入。2014年12月，大家在布鲁塞尔达成了沿五个方向共同努力的基本方针：支持军事行动、能力建设、军队培训；阻止外国恐怖主义者的流动；切断"伊斯兰国"获得融资和资助的途径；提供人道主义援助、处理人道主义危机；揭露"伊斯兰国"的本质[1]。各个国家根据实际国家利益和比较优势为打击"伊斯兰国"提供军事和非军事援助，瑞士向伊拉克援助900万美元；比利时向伊拉克提供13吨救援物资；意大利捐赠价值250万美元的武器，包括机关枪、火箭弹和100万发子弹；日本提供了600万美元的紧急援助，用于帮助伊拉克北部的难民[2]。根据美国中央司令部和相关的报道，大约有27个国家加入了联盟的军事行动，主要目标是摧毁"伊斯兰国"在伊拉克和叙利亚的大本营，打击其全球蔓延的态势，军事行动主要有三个组成部分：协调空袭行动、训练和装备当地安全部队、有针对性的特种作战[3]。即使有了国际联盟的共同努力，美国领导的空中打击持续进行，"伊斯兰国"依然是全球圣战的焦点，外国圣战者不断涌入。"伊斯兰国"的存在加剧了中东地区的动荡，种族、宗教、部族之间的敌意加深。伊拉克政治局势进一步分裂为三个部分："伊斯兰国"集中在西部和北部；库尔德人占领北部；什叶派控制着中央和南部。"伊斯兰国"控制了叙利亚北部和东部地区，内战的复杂性增强，何时能够结束内战越来越不确定。

---

[1] Kathleen J. McInnis, "Coalition Contributions to Countering the Islamic State", Congressional Research Service, August 24, 2016.

[2] Sebastian Payne, "What the 60-plus members of the anti-Islamic State coalition are doing", *The Washington Post*, September 25, 2014.

[3] Kathleen J. McInnis, "Coalition Contributions to Countering the Islamic State", Congressional Research Service, August 24, 2016.

2014年,"伊斯兰国"对伊拉克北部城市摩苏尔的进攻,引起美国、中东国家和国际社会的普遍震惊,伊拉克政府军迅速溃败。2014年8月,美国带领的国际联军开始了对伊拉克"伊斯兰国"的空中打击,摩苏尔是空袭最为集中的地区,2014年8月至2015年6月期间,摩苏尔地区共发生670多次空袭[①]。2015年2月中旬,美国带领的联军部队加大对摩苏尔的空袭,大量报道称4月和5月要重新夺取摩苏尔,预计有2万到2.5万名伊拉克政府军参与其中,中央司令部的官员称,美国将训练五个旅的伊拉克政府军用于完成这项任务[②]。2016年10月,伊拉克总理阿巴迪宣布开始军事进攻摩苏尔,伊拉克政府军对摩苏尔的收复战正式打响。在美国领导的空袭下,伊拉克政府军与国内其他武装战斗人员一起,向"伊斯兰国"修建的隧道和战壕发射了大量导弹,迅速夺回了周围十几个村庄。虽然摩苏尔收复战取得了一定成绩,部分地区已被政府军控制,但是依然有大量伊拉克平民被困在"伊斯兰国"控制的区域,还有部分平民流离失所,摩苏尔收复战还在继续。

美国领导的国际联盟对叙利亚的空袭主要集中在东北部城市拉卡,这个被称为"伊斯兰国"首都的城市,聚集了该组织的大量领导人。2015年初,美国开始了一项为期三年的军事计划,该计划准备每年训练和装备5000名经过审查的叙利亚温和反对派,将其培养成抵抗"伊斯兰国"的战士。2015年9月1日,土耳其首次加入了美国领导的国际联盟对"伊斯兰国"的空袭。2015年9月30日,俄罗斯对叙利亚境内的多处"伊斯兰国"目标发动了

[①] Chris Woods, "Cause For Concern: Civilians Killed in Coalition Strikes", https://airwars.org/wp-content/uploads/2015/08/airwars-cause-for-concern-civilians-killed-by-coalition.pdf.(上网时间:2016年4月3日)

[②] Annyssa Bellal, *The War Report: Armed Conflict in* 2014, New York: Oxford University Press, 2015, p.186.

空袭，造成数十名圣战者伤亡。2016年10月，在伊拉克宣布收复摩苏尔后不久，美国领导的联军也宣布在叙利亚展开对拉卡的收复战。以库尔德武装分子为主导的"叙利亚民主军"（Syrian Democratic Forces）成为收复战的主要军事力量。在美国的空中支援和军事顾问的指导下，"叙利亚民主军"稳步推进，夺回拉卡部分地区。叙利亚政府军也积极战斗，控制了拉卡周围的多个村庄。拉卡作为极端分子的大本营，依然有上千名"伊斯兰国"武装分子顽强抵抗。对拉卡的收复将是美国打击"伊斯兰国"最重要的里程碑，因此这一过程也注定艰辛。

从2014年6月宣布建立"伊斯兰国"开始，美国同沙特等阿拉伯国家在"伊斯兰国"问题上的立场逐渐趋于一致，短时期内"伊斯兰国"成为大家的首要敌人，其他战略目标居于次要地位。美国、欧洲、中东阿拉伯国家组成了国际反恐联盟，共同打击"伊斯兰国"。美国主导对"伊斯兰国"的空中打击，其他成员国在军事和非军事方面都予以了支持。在地面作战方面，配合美国的主要力量是伊拉克政府军。尽管美国计划武装叙利亚温和的逊尼派反对派，但是没有取得成功。在叙利亚，美国主要依靠的是库尔德武装，但是库尔德武装有自己的局限性，他们只为保住库尔德居住区而战，并不想进入逊尼派控制的地区。因此，对于美国的空中打击战略，重要的缺点是地面上没有可靠的支援力量，这也是美国打击"伊斯兰国"进展缓慢的主要原因。只有美国自己出动地面部队，才能有效打击"伊斯兰国"，但是奥巴马政府从一开始就明确表示，美国不会出动地面部队，美国不会成为叙利亚、伊拉克内战的参战方，这是美国从伊拉克战争吸取的教训。美国不再愿意大规模干涉中东战争了，只愿采取有限的空中打击，虽然这样做的效果也是有限的。美国打击"伊斯兰国"的军事战略的案例表明，美国中东军事战略又进入了一个新时代，即有限干预战略的时代。

第五节 也门危机

也门是阿拉伯半岛西南端一个历史悠久、地理位置重要的国家，与沙特和阿曼接壤，既是沙特的后院，也是国际海上交通要道的咽喉。也门毗邻通往红海、亚丁湾、阿拉伯海等重要的战略水路。目前，也门是阿拉伯半岛上唯一一个共和制的国家，也是人口最稠密的国家之一，在 53 万平方千米的土地上居住着 2000 多万人口。也门拥有 3000 年的历史，1934 年也门分裂为南北两个部分，1990 年 5 月 22 日正式统一。1978 年 7 月，阿里·阿卜杜拉·萨利赫担任北也门共和国总统，南北也门统一后，继续担任也门共和国总统，直到 2012 年 2 月下台一直是也门最重要的政治人物。2011 年 1 月 28 日，在"阿拉伯之春"风潮到达也门后，民主主义者和国内反对派在首都萨那等地举行游行，抗议萨利赫的统治，对执政三十多年来也门的经济不发达、政治格局动荡、部族社会纷争表示不满。因为遭受了国内、中东地区和国际社会巨大的压力，在沙特的斡旋下萨利赫宣布辞职。在萨利赫下台过程中，巴林、科威特、阿曼、卡塔尔、沙特和阿联酋等海合会国家扮演了重要角色，萨利赫的副总统阿卜杜·拉布·曼苏尔·哈迪于 2011 年 11 月成为代总统。根据当时达成的协议，也门举行总统选举，哈迪被选为总统，但是萨利赫仍然控制着共和国卫队等国家核心力量，也门开始陷入混乱局面。

萨利赫在也门政坛经营 33 年，拥有丰富的政治资源和熟练的政治智慧，因而能够控制错综复杂的也门部落政治，被称为能够在"蛇头上跳舞的人"。哈迪担任也门总统后宣布修改宪法、重组内阁、改革经济，给也门人民带来了希望，但是与萨利赫相比，哈迪担任副总统 17 年，并没有像萨利赫一样建立牢固的权力基础，也缺乏萨利赫的政治手腕。北部胡塞武装的叛乱、南部

第四章 有限干预战略时期（2011年以来）

"南方运动"的分裂主义活动、"基地组织阿拉伯半岛分支"的恐怖主义行动等不稳定因素威胁着也门的安全，也挑战着哈迪的统治。哈迪上任后立即成为美国坚定的反恐盟友，自从2000年10月12日美国"科尔"（USS Cole）号导弹驱逐舰在也门亚丁港遭遇自杀式袭击后，美国对也门的"基地"组织高度警惕。2009年1月，也门和沙特的"基地"组织合并成为"基地组织阿拉伯半岛分支"（AQAP）后，美国称之为巴基斯坦和阿富汗以外最活跃的"基地"组织①。"基地组织阿拉伯半岛分支"是阿拉伯半岛最大的恐怖组织，不仅在也门国内策划恐怖袭击，也向沙特等国家渗透，因此美国、沙特一直全力支持萨利赫打击恐怖主义。

哈迪上台以来把反恐作为确立自己执政地位的突破点。在"阿拉伯之春"过程中，"基地组织阿拉伯半岛分支"利用也门国内混乱之机，占领了大片领土。2012年哈迪上台后，"基地组织阿拉伯半岛分支"制造了多起恐怖事件。2月25日，在哈迪总统宣布就职当天，自杀式汽车袭击在哈德拉马特省（Hadramawt）首府发生，20多名共和国卫队士兵死亡；4月1日，恐怖分子袭击了哈德拉马特省希巴姆古城（Shibam）附近的军事基地，造成熟睡的数名也门士兵遇难；5月21日，在也门首都萨那举行的阅兵式上的自杀式爆炸事件，造成90多人死亡。面对"基地组织阿拉伯半岛分支"的全面攻击，哈迪政府发动了总攻，也门安全部队与部落武装共同战斗，夺回了大部分领土。哈迪的反恐战争增强了自己的执政地位，也从海合会国家获得了巨额资金支持，美国继续培训也门武装力量，并运用武装无人机对恐怖分子进行打击。

在哈迪政府和西方国家看来，"基地组织阿拉伯半岛分支"

---

① "Profile：Al-Qaeda in the Arabian Peninsula"，http：//www.bbc.com/news/world-middle-east-11483095.（上网时间：2016年1月23日）

是也门和平与安全的最大威胁，但是2014年9月，北部的胡塞武装开始进攻首都萨那，"基地组织阿拉伯半岛分支"的威胁程度迅速下降。胡塞武装组织属于什叶派分支的宰德教派，自2004年6月以来与也门政府发生了多次对抗。2004年9月，在与也门安全部队的战斗中领导人侯赛因·胡塞被捕身亡，其兄弟阿卜杜勒·马吉德·胡塞（Abdul-Malik al-Houthi）继续领导与也门政府的斗争。2009年8月，也门政府开始对胡塞武装发起代号为"焦土行动"（Operation Scorched Earth）的大规模攻势。胡塞武装和也门政府的冲突主要爆发在西北部的萨达省，毗邻沙特边界。沙特于2009年11月公开表示介入双方的冲突，并时常被卷入军事战斗。也门政府称胡塞武装试图推翻现有政府，在全国范围内实施什叶派的宗教律法。胡塞武装的宰德派对伊朗十二伊玛目派的法理学家霍梅尼及其领导的伊斯兰革命高度认可。宰德派认为，正是这样的起义，才秉承了调动大众与外来力量和非正义的统治者抗争的信条。胡塞武装领导人侯赛因·胡塞原本是也门议会的成员，年轻时加入了当时的反对党"真理党"（Al-Haq），创立了其分支机构"青年信仰者"（Believing Youth），这是一个推动20世纪90年代宰德派复兴的组织。1997年，侯赛因·胡塞离开也门，到伊朗和世界其他地方学习宗教。"9·11"事件后不久，在苏丹攻读博士的侯赛因·胡塞返回也门并为该组织创作了圣歌，改编自伊朗伊斯兰革命的"美国必亡"之歌，宣称"美国必亡，以色列必亡，该死的犹太人，胜利属于伊斯兰"[1]。胡塞武装大量吸收了伊朗的革命意识形态，打起了反美的大旗。从2004年6月起经过6年的多次开战、调停、停战，胡塞武装和也门政府终于在

---

[1] Peter Salisbury, "Yemen and the Saudi – Iranian 'Cold War'", https://www.chathamhouse.org/sites/files/chathamhouse/field/field_document/20150218 YemenIranSaudi.pdf.（上网时间：2015年10月15日）

2010年2月签署了停火协议。

2011年,"阿拉伯之春"运动席卷中东地区以来,也门国内爆发了反对萨利赫统治的示威游行,也门政府疲于应对国内动荡,胡塞武装借机获得了其家乡萨达省的自治权。在获取萨达省的自治能力后,胡塞武装与前总统萨利赫组成联盟于2014年9月挥师南下攻击哈迪政府,并在2015年占领了首都萨那,此举震惊了海合会国家,一时间胡塞武装跃升为也门政府最大的威胁。当时,没有人知道胡塞武装占领萨那的战略意图,他们只是暂时占领首都以获取谈判筹码,还是要无限期地占领萨那统治整个北也门,或者是要继续南下占领整个也门。对于阿拉伯半岛上的其他国家和美国而言,胡塞武装问题的性质似乎发生了改变。此前胡塞武装的关键问题是恐怖主义,现在已经变成了伊朗的威胁。伊朗在中东控制着德黑兰、大马士革、巴格达、贝鲁特四个首都,现在又增加一个萨那。胡塞武装信奉的是什叶派分支的宰德教派,伊朗是什叶派的十二伊玛目派,双方在宗教上有天然的联系,伊朗伊斯兰革命后,胡塞武装与伊朗的宗教交流愈加频繁。胡塞武装作为一个政治集团,不仅与伊朗有宗教联系,而且双方是政治联盟关系。因此胡塞武装控制萨那后,也门可能变成一个亲伊朗的、什叶派控制的国家,伊朗的影响力越过波斯湾在阿拉伯半岛南部登陆。如果胡塞武装控制了也门,可以为伊朗提供情报前哨,还可以为伊朗与以色列的竞争提供更多战略选择,伊朗可以通过也门给以色列的敌人运输武器。

一直以来,关于伊朗为胡塞武装提供军事支持的论述比比皆是,尽管这其中也存在质疑。美国务院发言人曼瑞·哈弗(Marie

Harf）称，有政府报告表明多年来伊朗一直为胡塞武装提供武器[1]。2009 年，在红海发现了伊朗船只，也门政府称船上装满了武器，主要是反坦克炮弹，这是伊朗给胡塞武装提供的[2]。2010 年前后，也门媒体报道有六个仓库已经发现了伊朗的机枪、短程导弹和弹药[3]。2013 年 1 月，美国有线电视新闻网和英国路透社报道，也门军方截获一批伊朗革命卫队给胡塞的武器，其中包括地对空导弹、高效炸药和火箭推进式榴弹[4]。2015 年 3 月，据卡塔尔半岛电视台和阿联酋阿拉伯电视台报道，伊朗的货船在红海港口卸下 160—180 吨军事装备，胡塞武装关闭了港口卸载物资[5]。2015 年 9 月，海湾联盟称他们之前在阿拉伯海发现了一艘伊朗渔船，装载着运往胡塞的武器，其中包括 18 枚反坦克炮弹、54 枚 BGM17 反坦克导弹、15 套炮弹电池装备、4 套射击制导系统和其他的后勤装备[6]。此外，伊朗向胡塞武装派出了武器专家、战斗机飞行员和部队，还为胡塞战士提供培训。2009 年 10 月，

---

[1] Oren Dorell, "Iranian support for Yemen's Houthis goes back years", http://www.usatoday.com/story/news/world/2015/04/20/iran-support-for-yemen-houthis-goes-back-years/26095101/. （上网时间：2015 年 10 月 16 日）

[2] Brian Whitaker, "Yemen and Iran: What's really going on?", http://www.al-bab.com/blog/2015/march/yemen-iran.htm#sthash.42CI0HG3.q7XDJAjb.dpbs. （上网时间：2015 年 10 月 18 日）

[3] Juliane von Mittelstaedt, "'Operation Scorched Earth': A US Hand in Yemen's Civil War", http://www.spiegel.de/international/world/operation-scorched-earth-a-us-hand-in-yemen-s-civil-war-a-732734.html. （上网时间：2015 年 10 月 10 日）

[4] Oren Dorell, "Iranian support for Yemen's Houthis goes back years", http://www.usatoday.com/story/news/world/2015/04/20/iran-support-for-yemen-houthis-goes-back-years/26095101/. （上网时间：2015 年 10 月 16 日）

[5] Oren Dorell, "Iranian support for Yemen's Houthis goes back years", http://www.usatoday.com/story/news/world/2015/04/20/iran-support-for-yemen-houthis-goes-back-years/26095101/. （上网时间：2015 年 10 月 16 日）

[6] Mahmud el-Shafey, "Evidence of Iranian support to Houthis revealed", http://www.thearabweekly.com/pdf/2015/10/02-10/p08.pdf. （上网时间：2015 年 10 月 17 日）

第四章 有限干预战略时期（2011年以来）

阿拉伯电视台报道，也门海军查获的伊朗船只驶离红海的西北海岸，船上有5名伊朗人和1名印度人，他们都是武器专家，用以更换与胡塞武装并肩作战受伤的其他伊朗人[1]。参加了"阿拉伯之春"的胡塞武装支持者说，2011年以后他们被伊朗空运至贝鲁特接受了训练[2]。伊拉克报纸曾经报道，伊朗革命卫队在厄立特里亚训练胡塞武装[3]。华盛顿近东政策研究所大卫·萨克（David Schenker）称，根据黎巴嫩政府消息，伊朗派战斗机飞行员前往黎巴嫩，获得护照后去也门参加战斗[4]。2014年12月，一位不愿透露姓名的伊朗高级官员称，伊朗革命卫队有数百位军事人员在也门训练胡塞战士，2014年大约有100名胡塞战士前往伊朗接受培训[5]。2015年3月，也门外长瑞得·亚绅（Riad Yaseen）接受阿拉伯电视台新闻频道采访时称，在萨那发现支持胡塞武装的伊朗部队[6]。沙特驻华盛顿大使阿德·朱博尔（Adel al Jubeir）对记者说，有证据表明，伊朗革命卫队和真主党战士已经参与了胡塞

---

[1] Oren Dorell, "Iranian support for Yemen's Houthis goes back years", http://www.usatoday.com/story/news/world/2015/04/20/iran-support-for-yemen-houthis-goes-back-years/26095101/. （上网时间：2015年10月16日）

[2] Peter Salisbury, "Yemen and the Saudi – Iranian 'Cold War'", https://www.chathamhouse.org/sites/files/chathamhouse/field/field_document/20150218YemenIranSaudi.pdf. （上网时间：2015年10月15日）

[3] http://www.terrorism-info.org.il/Data/articles/Art_20475/E_023_13_1081673016.pdf. （上网时间：2015年10月19日）

[4] Oren Dorell, "Iranian support for Yemen's Houthis goes back years", http://www.usatoday.com/story/news/world/2015/04/20/iran-support-for-yemen-houthis-goes-back-years/26095101/. （上网时间：2015年10月16日）

[5] Ibid.

[6] Staff writer, "Yemen FM: Iran forces were in Sanaa to support Houthis", http://english.alarabiya.net/en/News/middle-east/2015/03/27/Yemen-FM-Iran-forces-were-in-Sanaa-to-support-Houthis.html. （上网时间：2015年10月12日）

武装的战斗①。

美国国务卿克里表示，伊朗显然在为胡塞武装提供军事支持，每周都有一些航班往来，我们跟踪这些航班，掌握这些情况②。马里布省省长萨特·阿瑞德（Sultan al-Arada）称也门有确凿的证据证明德黑兰支持胡塞武装，他对沙特的《中东报》说，在马里布坝发现了伊朗为胡塞武装提供的武器，而且武器上面有明显的标记③。《纽约时报》报道，伊朗圣城旅为胡塞武装提供武器，这些武器用小船走私到也门，所以难以跟踪④。无论相关各方是否有足够的证据，证明伊朗在向胡塞武装提供军事支援，有一点可以确定的是胡塞武装对于也门政府、美国、海合会国家的威胁在不断上升。

2015年1月，胡塞武装攻占了总统府和总统私人官邸，哈迪和总理被迫辞职。2月胡塞武装解散了议会，在没有联合国认可的情况下，宣布建立全国过渡委员会。2月21日，哈迪在安全部队的帮助下逃脱了胡塞武装的软禁，离开萨那后回到了自己的家乡，也门第二大城市亚丁。哈迪称胡塞武装发动政变，自己仍然是也门总统，辞职是被迫的、无效的。3月8日，哈迪宣布在亚

---

① Brian Whitaker, "Yemen and Iran: What's really going on?", http://www.al-bab.com/blog/2015/march/yemen-iran.htm#sthash.42CI0HG3.q7XDJAjb.dpbs. （上网时间：2015年10月18日）

② Tom Kutsch, "U.S. says Houthis 'obviously' receive Iran support, but experts not so sure", http://america.aljazeera.com/articles/2015/4/10/kerry-accuses-iran-of-yemen-meddling-but-level-of-its-support-unclear.html. （上网时间：2015年10月12日）

③ Mahmud el-Shafey, "Evidence of Iranian support to Houthis revealed", http://www.thearabweekly.com/pdf/2015/10/02-10/p08.pdf. （上网时间：2015年10月17日）

④ Michael Gordon and Eric Schmitt, "Negotiators Put Final Touches on Interim Iran Accord", http://greatcharlie.com/2014/01/17/negotiators-put-final-touches-on-interim-iran-accord-but-ayatollah-khamenei-is-expressing-concern-over-perceptions-created-by-talks/. （上网时间：2015年10月16日）

丁建立中央政府,既对抗胡塞武装,也证明自己的总统权力仍然有效。胡塞武装步步紧逼,开始攻占也门南部,战略目的十分明确,就是占领亚丁,最终迫使哈迪逃往沙特。胡塞武装的攻势引起了沙特的高度警惕,哈迪呼吁国际社会给予也门紧急救助,为了保护哈迪政府,沙特于2015年3月26日开始实施对胡塞武装的军事打击。此时的也门危机包括外国势力与本国势力的较量;胡塞武装与哈迪政府军的交战;什叶派与逊尼派的斗争,前政府萨利赫、"基地组织阿拉伯半岛分支"、南方分裂主义以及不同政见的部落间的混战,矛盾陈陈相因、错综复杂。

同美国针对"伊斯兰国"的国际反恐联盟一样,沙特也建立了由海合会等十个国家组成的反恐联盟,成员国包括埃及、约旦、摩洛哥、苏丹、巴基斯坦、沙特、科威特、阿联酋、巴林、卡塔尔。沙特在边境驻扎了15万军队,大量的飞机和战舰也陆续就位。以沙特为首的十国联军在3月26日发动了"果断风暴"(Operation Storm of Resolve)军事行动,据沙特电视台报道,阿联酋、巴林、科威特、卡塔尔、约旦、摩洛哥和苏丹正在准备派出飞机,而埃及,约旦,苏丹和巴基斯坦随时准备参加地面进攻。沙特对胡塞武装的军事行动,以空袭为主,目标覆盖也门全境的胡塞武装防空设施、导弹库、油库等。国际社会对沙特采取的军事行动态度不一,海合会和土耳其表示支持,欧洲国家认为这一行动不能解决也门问题,伊朗则表示强烈谴责,对胡塞武装的抵抗高度赞誉。伊斯兰武装力量动员部负责人瑞兹·纳迪(Mohammad Reza Naghdi)致信胡塞武装领导人阿卜杜勒·马吉德·胡塞(Abdul-Malik al-Houthi),祝贺胡塞武装成功抵抗沙特28天的轰炸,称轰炸的结束是一场胜利,赞誉他是勇敢、智慧的领导人;这次顽强抵抗是也门历史和伊斯兰世界的转折点。他补充说,"由于条件限制,我们没有与你们一起在前线战斗。我们很惭愧,希望我们能弥补这方面的遗憾,帮助你们进行重建。"①

美国副国务卿安东尼·B. 布林肯(Antony J. Blinken)表示美国肯定沙特领导的这一军事行动,这向胡塞武装和其支持者发出强有力的信号,他们不可能用武力推翻也门政府,并于4月7日宣布美国将加快向沙特的武器运送以支持其进攻行动②。早在胡塞武装进攻萨那的时候,美国就开始将自己的部队撤离也门,在3月沙特发动空袭前已经全部撤出。美国虽然没有直接参与沙特的反恐联盟,但仍积极地向沙特提供了后勤和情报支援。美国在沙特的作战中心成立了一个联动协调组织,通过这个组织向沙特提供武器③。2015年4月,美国宣布为联军飞机提供空中加油服务。国务卿克里同时警告伊朗,在战略期间不要给胡塞武装提供援助。克里在讲话中提到了从伊朗到也门的航班,他暗示这些航班可能携带着武器和战争物资④。在也门战争中,美国没有直接参加战争,但是美国公开站在了沙特和哈迪政府一边。显然,美国也是从沙特与伊朗竞争的角度来对待也门战争的。单从也门国内政治角度看,沙特的军事干预可能加剧也门的国内冲突,让"基地组织阿拉伯半岛分支"获利,而美国在也门的首要担心还

---

① Arash Karami, "Head of Iran's Basij congratulates Houthis on 'victory'", http：//www.almonitor.com/pulse/originals/2015/04/iran-yemen-saudi-arabia-operation-decisive-storm-basij.html#. (上网时间:2015年10月11日)

② Hon Keith Vaz, "Conflict in Yemen：The Forgotten Crisis", A report by the All Party Parliamentary Group for Yemen, http：//www.yemensafepassage.org/wp-content/uploads/2017/03/APPG-Report-on-Yemen-Crisis-22-Oct-2015.pdf. (上网时间:2016年4月8日)

③ "U.S. Expands intelligence sharing with Saudis in Yemen operation", *Reuters*, April 11, 2015. http：//www.huffingtonpost.com/2015/04/10/us-intelligence-saudis-yemen_n_7044208.html. (上网时间:2016年11月2日)

④ Tom Kutsch, "U.S. says Houthis 'obviously' receive Iran support, but experts not so sure", http：//america.aljazeera.com/articles/2015/4/10/kerry-accuses-iran-of-yemen-meddling-but-level-of-its-support-unclear.html. (上网时间:2015年10月12日)

是恐怖主义,而不是胡塞武装。但是,胡塞武装又同伊朗联系,美国就不得不从地区政治视角看问题。在"伊斯兰国"问题上,美国实施空中打击,但是不出动地面部队,避免直接卷入国内战争。在也门问题上,因为胡塞武装不同于恐怖组织,胡塞武装与哈迪政府的战争纯粹是权力之争。因此,美国根本就没有直接参加军事行动,而只是向沙特提供军事支持。

也门战争是美国干预中东战争的一种新模式。美国不仅没有大规模直接参与战争,而且根本就没有直接介入战争,只是通过外交支持、后勤支持、情报合作等途径干预战争进程。一方面,在也门战争中美国同沙特在战略重心上有分歧。虽然两国都在遏制伊朗的影响,但是美国的重心在反恐上,而沙特的重心则在反伊朗上。另一方面,美国认为也门内战主要是内部政治力量的一场权力之争,伊朗的参与不是主要矛盾;沙特则认为伊朗是主要矛盾。因为存在这些分歧,更因为美国仍然深受伊拉克战争失败的影响,所以美国在也门战争问题上相当谨慎。

第六节 军事合作

自从美国不再实施大规模干预战略以来,同中东盟国的军事合作便成为其中东军事战略的重要支柱。美国强调通过与中东地区的军事合作,保证美国及其盟国在该地区的军事力量。美国在中东的军事合作主要包括军售和军演两部分。

一、军售

军售在美国塑造中东军事力量平衡和美国与中东国家的战略伙伴关系中发挥着重要的作用。2011年"阿拉伯之春"席卷中东以来,为了增强防御能力,各个国家开始大量购买美国的先进武器。2011年以来，沙特对美国武器的进口量增幅显著，科威特、阿曼、阿联酋、卡塔尔、以色列、伊拉克、土耳其和伊朗等中东国家对美国武器的进口也大幅增加。沙特在2010年10月至2014年10月间从美国获得了价值904.35亿美元的重大新型武器，包括美国一些最先进的武器①。2013年4月16日，奥巴马总统在白宫会见了来访的沙特王储阿布扎比，并签署了协议，所购战机升级到F-16，总价值达到近3亿美元。2013年4月25日，美国国防部长哈格尔访问阿联酋，向阿联酋出售了25至30架F-16战机。科威特没有像沙特和阿联酋那样大规模购买美国武器装备，但其购买力仍然是重要的。2012年2月27日，奥巴马政府向国会提交了一项出售80枚AIM-9X-2响尾蛇导弹和相关零部件及服务的报告，据估计价值为1.05亿美元②，这将有助于实现科威特战机的现代化。2012年12月11日，美国向阿曼出售F-16战机的武器系统，包括27枚先进的中程空对空导弹，162枚GBU激光制导炸弹及其他武器和装备，总价值约1.17亿美元③。2013年5月21日，美国国务卿克里访问阿曼，在一定程度上促成了向阿曼出售由雷神公司生产的地面防空系统的交易，预计装备价值为21亿美元。

多数阿拉伯国家尤其是海合会国家，都对伊朗拥有大量导弹表示担忧。美国国防部官员称，"美国了解海湾国家对伊朗导弹的担忧，美国决定帮助他们建立起导弹防御系统。"④ 美国试图在

---

① Christopher M. Blanchard, "Saudi Arabia: Background and U.S. Relations", Congressional Research Service, RL33533, January 23, 2015, p. 10.

② Kenneth Katzman, "Kuwait: Security, Reform, and U.S. Policy", Congressional Research Service, RS21513, April 29, 2014, pp. 15–16.

③ Kenneth Katzman, "Oman: Reform, Security, and U.S. Policy", Congressional Research Service, RS21534, July 12, 2013, p. 11.

④ "U.S. offers help for Gulf-wide missile defense capability", *Arab News*, April 28, 2014.

第四章 有限干预战略时期（2011 年以来）

海湾地区构建一个导弹防御网络，而阿联酋在其中发挥着极为重要的作用，因为阿联酋已经订购了拦截短程和中程弹道导弹的末端高空区域防御系统（THAAD），即萨德系统，这是该防御系统在海湾地区的第一笔交易。2008 年 9 月 9 日，美国方面首次宣布出售萨德系统，价值约 70 亿美元。2012 年 11 月 2 日，国防安全合作局（Defense Security Cooperation Agency）向国会提交了一份对阿联酋出售萨德系统装备的报告：包括 9 架发射器，48 个导弹及相关设备，估计价值为 11.35 亿美元[1]。2013 年 9 月，美国国防部与洛克希德·马丁公司签署了一份 300 枚萨德导弹的合同，价值 39 亿美元，而其中近 200 枚将出售到阿联酋，这意味着自 2012 年 11 月国防安全合作局发布报告以来，阿联酋购买力的上升。

美国向全球一百多个国家出售武装，在出口的所有武器中，几乎一半以上到了中东地区。2012—2016 年，中东地区的武器进口量增长了 86%，占全球武器采购量的 29%，将近五年前的两倍[2]。美国将军售作为其中东战略的重要组成部分，一方面，大量的军售订单可以为工业发展注入新活力，带来可观的经济收益，增加国内就业比率；另一方面，军售是长链条军事合作，涉及到后期的技术转让、零件配备、功能维修等事项，有利于维持美国与其盟友关系。对于中东国家来说，美国的军售似乎没有带来地区和平，动荡持续进行，而且加剧了地区军备竞赛。根据斯德哥尔摩国际和平研究所 2016 年的报告显示，中东五个国家为美国武器的主要购买方，按照武器的生产成本计算，其购买价值分别为：沙特 19.08 亿美元、伊拉克 8.93 亿美元、阿联酋 7.73 亿

---

[1] Anthony H. Cordesman, "The Arab – U.S. Strategic Partnership in the Gulf", *CSIS Report*, May 7, 2015, p. 15.

[2] Anna Ahronheim, "Global Arms Sales at Highest Level since Cold War", *The Jerusalem Post*, FEBRUARY 21, 2017.

美元、卡塔尔 5.95 亿美元、以色列 5.26 亿美元[①]。目前，中东作为全球冲突爆发最为集中的地区，大量购买美国的先进武器在一定程度上增强了自身的防卫能力，但是也对维护地区安全稳定带来了新的隐患。

二、军演

当美国加大在中东地区军售力度的同时，与中东国家的联合军事演习在规模和数量上也在大幅增加。军演与军售一样是主要的军事合作途径，有利于增加政治互信，增强联合作战能力，展示军事实力，但是由于国际社会的注意力大都集中在中东的暴力冲突、矛盾对抗和军事战争上，联合军演并没有引起关注。美国在中东的军事演习，一方面，可以向中东国家表明自己的政治立场和战略选择，增加在中东地区的控制力，向别国施压；另一方面，在军事演习的过程中也向中东国家展示了先进的武器装备，同时促进了军售协议的签署。对于中东国家来说，与美国军方进行联合演习，一方面，可以帮助自己训练出更加专业的军队，提高武装冲突爆发后的应对能力和与美国或他国联合作战的能力；另一方面，军事演习属于短线的军事合作，不像建立军事基地那样需要长期驻军，容易引起国内民众的不满。可以说，在军事演习这个问题上，美国和中东国家产生了需求上的共鸣。同时，美国承诺定期同盟友进行联合军演，也是在向外界发出一个强有力的信号：美国站在他们背后，巩固与盟国的战略关系，缓解美国有限干预战略下不再为其提供保护的担忧。

2011 年"阿拉伯之春"以来中东的政治动荡和转型引起了全

[①] "The Biggest Buyers Of U. S. Arms", https：//www.worldatlas.com/articles/the-biggest-buyers-of-us-arms.html. （上网时间：2017 年 2 月 12 日）

第四章 有限干预战略时期（2011年以来）

世界的高度关注，为了增强有效应对地区安全挑战的军事能力，2011年6月11—30日，美国和约旦约3000名士兵参加了"热切的雄狮"（Eager Lion）联合军演。"热切的雄狮"军演是1996年，美国和约旦开始的"无限的月光"（Infinite Moonlight）军演的延续，由于中东地区局势复杂被迫中断，2010年美国和约旦开始计划重启军事演习。2011年，美国中央司令部根据实战需要还派出了排爆专家，与约旦同行分享战斗中排除爆炸装置的经验和教训。与2011年相比，2012年"热切的雄狮"军演的规模更大、影响更广，从5月7—28日历时三周，19个国家的1.2万名士兵参加。由于2012年以来叙利亚的局势持续动荡，这次演习还被媒体称为是对叙利亚阿萨德政府施压。约旦发言人穆罕默德少将（Mekhled Al Sheim）表示，这次军演的重点是培训约旦和沙特军人应对难民问题、反恐战术和海上拦截走私船只，演习不针对任何特定的事件或国家，这一行动与叙利亚局势没有任何关系[①]。2013年6月，约旦主办"热切的雄狮"军事演习，来自18个国家的1.5万名战士参加了军演，美国派往约旦F-16战机和"爱国者"导弹，美国国防部称6月23日演习结束这些战机和导弹将留在约旦[②]。2014年5月25—6月7日，20多个国家参与了"热切的雄狮"联合军演，6月5日还在约旦的杰贝勒·佩特拉（Jebel Petra）附近进行了一次实弹射击演习。2015年5月5—19日，共有19个国家的上万人参加了"热切的雄狮"联合军演，B-52首次亮相，"美国传递了一个信息，即大规模的轰炸机可以在全球

[①] Zheng Limin, "Joint drill 'Eager Lion 2012' opens to media in Jordan", CCTV English News, 25 May 2012.

[②] Spencer C. Tucker, *Modern Conflict in the Greater Middle East: A Country-by-Country Guide*, Colorado: ABC-CLIO, 2017, p. 167.

任何地方提供近距离的空中支援"[①]。2016年5月15—24日，"热切的雄狮"模拟了对传统和非传统威胁的协调应对能力。从2011年以来，"热切的雄狮"军演一直持续从未间断，增进了双边和多边的协同作战能力，增强了战略伙伴关系。

在"热切的雄狮"军演之前，中东地区引人注目的是埃及举行的代号为"闪亮之星"（Bright Star）的军演。"闪亮之星"是在1979年埃及与以色列签署和平协议之后，于1981年正式开始的。第一次军演主要由美国和埃及参加，象征着双边关系的进一步改善。刚开始的时候仅限于地面部队，后来不断扩展到海军和空军部队。1985年，美国和埃及承诺每两年举行一次军演[②]。最近的一次"闪亮之星"军演举办于2009年10月，英国、土耳其、约旦、科威特、希腊、意大利、德国、法国和巴基斯坦的约7万名士兵参加了这次演习。美国派出了上千名士兵参与，这样的大型、多国演习，有助于促进美国、埃及和盟国军事上的互通、互联、互助。"闪亮之星"最终发展成为中东地区最重要的军演，同时也成为展示美国与埃及军事合作的窗口。由于美国集中精力从事在伊拉克的战争，2003年"闪亮之星"军演取消。2011年又由于埃及革命而再次取消，2013年因为埃及军事政变而又一次取消。2015年以来，美国和埃及正在努力恢复"闪亮之星"军演，促进双方直接的军事合作，这将是美国和埃及战略关系发展的重要一步。

除了"热切的雄狮"军演之外，美国还参加了其他的双边和多边军演，如2012年4月，美国参加了巴林主办的由沙特、阿联酋、阿曼、科威特、约旦、埃及等十个国家共同参与的"大联

[①] Jeff Schogol, "B-52s debut in Eager Lion exercise held in Jordan", *Air Force Times*, May 20, 2015.

[②] David Lawler, "Barack Obama cancels Operation Bright Star", *The Telegraph*, 15 Aug 2013.

动"（Initial Link）军演，目的在于提高空军战斗能力，以维护海湾地区的安全和稳定。2012年10月，美国与以色列举行联合军演"严峻挑战"（Austere Challenge），美国派出3000多名士兵，主要演习内容为导弹防御。2016年4月4日—26日，美国在中东举行了由30个国家参加的海上联合军演，主要目的是增强与恐怖组织作战的能力。美国海军司令凯文·多尼根（Kevin Donegan）表示，"此次演习旨在阻止武装分子对航运造成的干扰，因为美国知道武装分子试图干扰贸易航线"[1]。这次军演为参与国家提供了一个良好的训练机会，世界上有六个主要的海上航道，演习覆盖了三个：苏伊士运河、曼德海峡和霍尔木兹海峡。可以预见，美国在中东地区军演的规模和速度还会增加，虽然军事演习具有局限性，不能直接达成战略目标，只能起到威慑的作用，但是军事演习是美国在中东地区的一种高回报、低风险的选择。

小　结

从路径依赖的角度看，伊拉克战争的决策很大程度上依赖原有路径，确实对传统的大规模干预战略造成了深刻的影响，促使美国决策者决定性地离开旧的路径，寻求新的路径。"阿拉伯之春"以来，中东正面临着深刻的地区格局变化，这一时期，美国也正在进行能源革命，中东石油的重要性有所下降，但是中东的石油对于美国来说依然十分重要。美国在中东仍有利益需要保护，但是中东的形势越来越复杂，美国军事卷入的风险大大增加，军事手段能够解决问题的可能性越来越小。与此同时，伊拉克战争的阴影影响着美国决策者的思维模式。在这种情况下，奥

---

[1] Dubai Newsroom, "U. S. Navy leads 30-nation maritime exercise in Middle East", *Reuters*, April 10, 2016.

巴马政府放弃了大规模干预战略，采取相对灵活的有限干预战略，美国中东军事战略形成了新的路径。

2003—2011年伊拉克战争的阴影还没有散去，美国在中东地区仍然采取审慎的态度，具体表现在利比亚战争、叙利亚战争、"伊斯兰国"、也门危机等问题上。利比亚战争中，美国由要求卡扎菲停火、撤退、下台到放弃空袭指挥权的坦然；叙利亚战争中，美国由坚持阿萨德已失去执政合法性、必须下台到对叙利亚政府向平民使用化学武器的克制；"伊斯兰国"问题上，美国由高调反恐到对叙利亚、伊拉克领土被蚕食的放任；也门危机中，美国由使用无人机对恐怖分子进行打击到面对沙特采取大规模军事行动做出不介入的选择，都反映出美国现阶段在中东事务中的谨慎态度。2011年以来的奥巴马政府对中东采取有限干预的军事战略，与中东盟国的军事合作便成为中东军事战略的重要支柱，主要包括军售和军演。

第五章

路径依赖理论的价值

第二次世界大战结束以来,中东经历了激烈的动荡和冲突。地区格局正在重塑,域内外力量难以达到平衡,地区局势呈现复杂化、碎片化、脆弱化趋势,曾有学者称新时代世界的发展绕过了中东。随着冲突的不断传播和加剧,中东事件变得越来越难以预测,作为中东最重要的域外力量,美国面临前所未有的挑战。为了避免成为中东地区的脆弱推手,美国加大了在这一地区的军事投入。据美国学者估计,仅1976—2007年美国在海湾的军事开支就高达7万亿美元[1],可以说中东地区是美国在本土之外投入最大的区域。因此,对美国中东军事战略的研究一直是国际学术界的热点。在美国中东军事战略的变化过程中,"中东利益决定论""中东政治复杂论""决策失误论"和"路径依赖"都曾发生过影响,要评估路径依赖的理论价值和现实影响,必须梳理清楚这四个变量之间的关系,找出它们之间相互影响的途径,构建出清晰的因果机制。

---

[1] Roger J. Stern, "United States Cost of Military Force Projection in the Persian Gulf, 1976 - 2007", *EnergyPolicy*, 7 January, 2010.

第一节 对案例的解释力

从 1945 年二战结束到目前为止，美国中东军事战略大致经过了三个不同的时期，分别是冷战期间的离岸平衡战略时期、冷战结束到"阿拉伯之春"期间的大规模军事干预时期、"阿拉伯之春"后奥巴马政府的有限干预战略时期。在这三个阶段中，有两次路径的改变，其标志性事件分别是 1991 年的海湾战争和 2011 年"阿拉伯之春"后奥巴马政府在中东的军事干预。在海湾战争中，美国中东军事战略的路径从离岸平衡转变为大规模干预；"阿拉伯之春"后，奥巴马政府则从大规模干预转变为谨慎的、有限的干预。当然，在 70 多年的时间里，大部分时候美国中东军事战略显现出路径依赖的特征，而不是路径改变。如何解释路径依赖和路径改变，如何梳理路径影响与国家利益、中东形势、决策失误等变量之间的关系，"美国中东军事战略"这个案例提供了充分的素材。

一、国家利益石油的解释力

第二次世界大战之前英国是中东地区最为重要的域外力量，与此同时，中东也是英国连接地中海和印度洋之间的重要纽带，当时的美国还没有在战略上卷入中东。第二次世界大战期间，由于石油从普通商品成为一种战略物资，获得充足的石油供应对于战争来说尤为重要，在军队机械化和空中战斗力量建设方面，产生了对石油前所未有的需求。石油被形象地比喻为"黑金"，也有领导人感叹，战争的胜利决定于石油。美国开始将中东纳入其全球战略考虑之中，1944 年罗斯福总统与沙特国王的会面便是标志性事件。尽管在全球范围内生产石油的国家和地区还有美洲、欧洲、非洲等地,但是中东石油在全球政治和安全中的重要性一直不可小觑。中东石油的产量长期占全球的 30% 以上,在一些特定的时期可以达到 60%。中东石油的储量占世界已探明储量的 2/3。更重要的是,中东石油开采成本低、产区集中、油质好,拥有世界上最大的可调控产能,增产和减产的空间大。由于石油价格受供需影响,所以拥有可调控产能,直接影响到的就是国际石油市场的价格,而油价的调整又关系到全球各个国家的国家利益,因此这种能力也被称为"能源核武器"。1973 年第四次中东战争期间,阿拉伯国家拿起"石油武器",对美欧实施石油禁运,油价一夜之间上涨 70%,就是这种能力的体现。毫无疑问,石油是第二次世界大战以来中东成为国际政治热点地区的关键原因之一。

可见,用石油这一国家利益解释美国的中东军事战略具有一定的说服力,石油是美国关注中东、介入中东的根本性因素,或者说是美国介入中东的初衷。当然,在美国踏入中东后,随着形势的发展,美国的利益变得多元起来。为了保护石油利益,美国需要维护地区安全,需要同盟国的支持,便有了保护盟国的利益。因为美国的卷入,更因为美国同以色列的结盟,激起了伊斯兰极端主义者对美国的仇恨,产生了针对美国的恐怖袭击,便有了反恐的利益。可以说,一切利益的起点和总根源是石油。但是,石油利益可以解释美国关注中东、在中东投入的原因,并不能解释美国中东军事战略的变化。如果说,石油利益是一以贯之的,为什么过去 70 多年美国中东军事战略有三个不同的时期呢?更何况,石油利益的变化并不同美国中东军事战略的变化同步。因此,石油利益没法解释美国中东军事战略的变化规律。有的时候美国军事战略的调整,同石油利益的因果关系非常明显,例如 1991 年美国发动第一次海湾战争,就是担心伊拉克控制中东石油的主导权。再如,2011 年美国不再对中东事务进行大规模军事干预，同美国对中东的石油依赖程度下降，则是完全同步的。有的时候，美国中东军事战略的调整，则同石油利益是背道而驰的，例如1970年美国对中东石油的依赖增大时，却背对阿拉伯石油生产国，同以色列建立了军事同盟关系。

第二次世界大战以来，全球曾经发生过多次石油供应中断危机，其原因多种多样。1951年伊朗推行石油国有化，没收英国石油公司的资产；1999年"欧佩克"主动减产，以提高石油价格；这些都曾导致石油价格上涨。在这些石油危机中，美国只有两次使用了战争手段。一次是1987年美国为保护科威特油轮，在波斯湾对伊朗海军开战；另一次是1990年伊拉克入侵科威特，美国率领国际联军于1991年出兵中东。在大多数情况下，面对现实的或者潜在的石油危机，美国都是采取非军事手段来应对。2002年委内瑞拉石油工人罢产，导致该国石油生产中断，而委内瑞拉是美国石油进口的重要来源国之一，最多时每天可向美国供应200万桶石油，大大超过沙特对美国的供应。但是，在这次石油危机前后，美国根本就没有提及使用武力来解决危机。显然，由于石油危机产生的原因不同，美国的应对也就不同。如果石油危机是由军事原因引起的，例如1987年伊朗攻击波斯湾油轮、1990年伊拉克入侵科威特，美国采取军事行动的可能性就大大提高。相反，如果石油危机是由内部政治或其他原因造成的，美国也会相应采取其他手段应对。但是，即使是军事原因造成的石油危机，多数时候美国也不会采取军事手段解决。哥伦比亚游击队经常破坏通往美国的输油管道，通常也只是由当地的武装力量解决。墨西哥也是美国的重要原油供应国，犯罪集团也经常破坏石油设施，美国也从来没有采取军事手段干预，而是交由墨西哥内政部解决。

石油在可预见的未来仍然是国际能源的主要构成之一，中东地区在全球能源领域还将占有重要的地位。但是，这并不直接要求美国在中东维持大规模的军事存在和军事卷入,也不直接要求美国必须保护石油生产大国。欧洲、日本、韩国等地区和国家对中东石油的依赖程度远远高于美国,但是这些国家都没有通过军事手段维持中东的石油供应,而是通过国际市场保证中东的石油供应。一方面,这些国家认为美国将承担保证中东石油供给的任务;另一方面,越来越多的国家认为,保证石油供应其实不需要军事介入,美国的军事介入不但没有为国际市场提供安全保障,反而破坏了中东地区的稳定。1973年的石油危机是一个特例,因为政治原因石油价格暴涨。在其他大部分时期,石油的供应和价格都是由国际市场决定的,而不是由军事实力决定的。甚至可以说,作为人类历史上唯一由政治因素引起的石油危机,1973年的石油危机很大程度上是美国在中东的深度军事卷入造成的,是美国军事干预造成了石油危机,而不是军事干预避免了石油危机。历史上,石油生产国把石油卖给谁、价格是多少,总体上来看是由市场因素决定的,而不是完全受政治和军事关系控制。以利比亚为例,1969年"九一"革命前利比亚的主要经济、政治和军事交往对象是西方国家,英国和美国都在利比亚有驻军。革命后,利比亚在政治和军事上倒向了苏联,但是石油出口对象仍然是西方国家。1965年苏联同利比亚的贸易额占利比亚对外贸易的1.9%,1970年占1.8%,1975年占1.3%,1980年占1.0%。可见,利比亚同苏联政治军事关系改善,基本上没有改变利比亚的贸易格局[①]。

根据美国乔治城大学教授格莱兹(Charles L. Glaser)的研究,石油安全引起战争的机制有六个:"一是因为脆弱的石油供

---

① Danial L. Byman, "Shifting U.S. Interests in the Middle East", the Brookings Institution, March 2, 2016, https://www.brookings.edu/blog/markaz/2016/03/02/shifting-u-s-interests-in-the-middle-east/. (上网时间:2016年12月10日)

应，军事能力受到威胁；二是因为脆弱的石油供应，经济繁荣受到威胁；三是为保证本国获得石油，威胁到了别国的安全，形成一种安全困境；四是因为地下拥有石油，领土价值上升，引发冲突；五是石油生产国发动战场，影响石油供给；六是因为石油依赖，导致一些国家不愿合作。"[1] 根据上述六个战争生成机制分析，冷战结束以来美国的石油安全在增加，并没有面临严重的挑战。第一，稳定的石油供应是保护美国国家安全的首要因素，稳定的石油供应首先指石油运输，美国要有能力保护海上石油运输线，保护关键的海峡，保护石油管线经过的陆地。冷战时期，美国通过离岸平衡保护波斯湾的自由通行，就是要保证在同苏联争夺霸权地位时，在石油领域能够占领有利地位，保证石油资源可以源源不断地流向美国及其盟友。冷战结束后，几乎没有一个国家有意愿切断石油供应线，石油运输线中断的可能性基本不存在。第二，石油生产国的生产设施遭受袭击，也可以中断石油供应。1979年苏联入侵阿富汗后，美国担心苏联以阿富汗为桥头堡，继续南下，有可能攻击波斯湾的石油供应国。因此，卡特和里根政府调整了美国在中东的军事战略，开始在中东直接部署军事存在，建立了中央司令部。第三，主要的石油供应国不愿以市场价格向美国出售石油，也会危及供应安全。第二次世界大战期间，美国对日本实行石油禁运，对日本的军事行动能力造成很大影响。第四，一场大规模中东地区的战争可能引起主要石油供应国不能向国际市场供应石油。1990年美国出兵打击伊拉克，就是担心伊拉克进一步入侵沙特，引起石油大量短缺。从以上方面看，冷战结束以来美国没有面临这样的威胁，因此美国军事行动能力因石油供应而受威胁的风险很小。

---

[1] Charles L. Glaser, "How Oil Influences U. S. National Security", *International Security*, Vol. 38, No. 2, Fall 2013, pp. 116–117.

美国有可能因为另外两个战争生成机制而被卷入战争，一种可能是伊朗封锁霍尔木兹海峡，2012年美国等国际社会制裁伊朗时，伊朗曾经采取这种方式威胁；另外一种可能是主要石油生产国沙特发生内乱。霍尔木兹海峡在2011年时每天通过的石油为1700万桶，大部分波斯湾沿岸国家生产国的石油都要经过这里，占全球石油产量的20%[①]。沙特石油占全球石油出口的15%，长期停止供应会对国际市场形成重大冲击。即使有分析家认为，一些国家石油供应中断后，市场和石油储备将会自动恢复平衡，这些人也认为沙特是一个例外，因为沙特储量太大。能够引起沙特石油供应中断的可能性有两种：一是外部力量入侵；二是沙特内部发生动乱。目前，伊拉克已经陷入内乱，没有能力威胁沙特，因此像1991年第一次海湾战争一样，把美国拖入中东战争的伊拉克因素不存在了。其他可能入侵沙特的国家是伊朗，一般分析认为伊朗可以通过攻击沙特的石油设施影响出口，因为沙特的石油出口量虽然大，但是石油生产集中在东部一小片地方，易受到攻击。分析家通过全面分析伊朗所处的地区和国际环境后认为，伊朗通过攻击沙特石油设施影响石油出口的能力有限[②]。因此，唯一能把美国拖入沙特战争的情况就是沙特发生大规模内战，极端派控制部分地区，中断石油出口。但是，这种可能性亦非常小。首先，虽然学术界一直对沙特能否长期稳定持怀疑态度，但是经过近期"阿拉伯之春"的考验后，一种共识正在形成：由于沙特的民族结构、军队的能力、石油美元的强大等因素，在相当长的

[①] U. S. Energy Information Administration, "World Oil Transit Chokepoints", August 22, 2012, http://www.marsecreview.com/wp-content/uploads/2012/08/World-Oil-Transit-Chokepoints.pdf. （上网时间：2016年12月17日）

[②] Joshua R. Itzkowitz Shifrinson and Miranda Priebe, "A Crude Threat: The Limits of an Iranian MissileCampaign against Saudi Arabian Oil", *International Security*, Vol. 36, No. 1, Summer 2011, pp. 167–201.

时期内沙特可以维持稳定①。即便沙特不能维持稳定而陷入大规模内战，美国大规模地面干预的可能性也极低。因为经过伊拉克战争的挫折后，美国再次大规模向中东派出地面部队，并且长时间驻扎在一个国家，美国国内没有一个党派支持这种做法。伊拉克战争之后形成的路径依赖，在这种时刻会发挥作用。

伊拉克战争再次表明，争夺石油、油田，对中东石油进行直接的、帝国主义式的控制不是美国中东军事战略的逻辑。但是，保护石油、石油生产国和石油的自由流动，却是美国中东战争的不变逻辑。如果通过石油来看美国的中东军事战略，而不是从伊朗革命、萨达姆政权、反恐等角度看，就会发现1991年的海湾战争、2003年的伊拉克战争只是美国整个中东战争史中的两个插曲。从1979年到2011年，美国在中东实际上只打了一场长时间的战争，这场战争就是石油战争。这是石油与美国国家安全战略之间的逻辑，是美国在中东不断提升军事介入程度的基本原理②。这种解释框架过度强调美国中东军事战略的稳定性，而忽视了其变化性和阶段性。石油是解释美国中东军事战略的基础性因素，而不是直接因素，在石油和美国中东军事战略之间必然还有其他中间变量。

二、中东政治复杂性的解释力

第二次世界大战结束时，在短短三十年的时间里美国经历过两场世界大战，极其渴望和平，希望能尽最大可能避免战争，战后积极筹建联合国等国际机构，期望通过建立国际机制和平解决

---

① Thomas Lippman, *Saudi Arabia on the Edge: The Uncertain Future of an American Ally*, Washington D. C.: Potomac, 2012, p. 36 and chaps. 2, 8.

② Toby Craig Jones, "America, Oil, and War in the Middle East", *The Journal of American History*, June 2012, p. 217.

争端。然而，第二次世界大战刚刚结束，美国和苏联就陷入了全球性冷战，特别是在欧洲、亚洲和中东展开竞争。对于同苏联在热点地区的竞争，美国特别谨慎，不愿意直接卷入战争，更不愿意同苏联爆发直接军事冲突。这是美国通过两次世界大战学习到的经验。因此，这一时期美国制定军事战略时，尽可能避免战争是其主要路径思维，美国中东军事战略也不例外。在这种思维的指导下，美国制定了针对苏联的遏制战略，要通过遏制来限制苏联、拖垮苏联。为了落实遏制战略，美国建立一系列地区性军事组织，包括北大西洋公约组织、美日军事同盟、美韩军事同盟、东南亚条约组织。

为了对苏联在中东的意识形态扩张形成遏制和威慑，美国发表了非常强硬的声明，"杜鲁门主义"明确提出不允许共产主义向中东渗透。但是，在具体军事行动中，美国却是极为谨慎的。美国在欧洲、亚太都建立了相应的军事同盟，唯独在中东，美国并没有直接参加"巴格达条约组织"，就是担心激化阿拉伯国家的情绪。美国在中东建立"巴格达条约组织"，这种做法同其在欧洲、亚洲的做法有共性。但是，美国在欧洲、亚洲都建立了军事基地，美国部队直接派驻在这些国家，在中东不仅没有军事基地、驻军，而且美国自己也没有参加"巴格达条约组织"，这是冷战时期美国中东军事战略的重要特征。美国没有参加"巴格达条约组织"，直接原因是美国不想在中东国家之间选边站，美国不愿在埃及与伊拉克之间选边站。可见，是因为中东政治的复杂性，才出现了美国中东军事战略的独特性。

美国从两次世界大战中学习到的经验，美国同苏联之间的冷战格局，中东政治的复杂性，这些因素决定了冷战时期美国中东军事部署的特征。如果把学习能力归为新路径的形成，把美苏冷战归为国家利益，就是"国家利益论""路径依赖"和"中东政治复杂论"三个变量共同发挥了作用。鉴于"国家利益"是美国一切对外军事战略的基础性因素，美国不仅在中东有重要国家利益，在欧洲、亚洲都有重大国家利益，因此国家利益并不能解释美国中东军事战略的特性。只有"中东政治复杂性"这个变量能够解释美国中东军事战略的特性，"巴格达条约组织"的形式、性质是因为中东复杂的政治形势决定的，美国中东军事战略顽强的路径依赖也是中东复杂的政治环境决定的。

1991年海湾战争标志着新路径的形成，在影响路径形成的关键因素中，"中东政治复杂"和"国家利益"两个变量都发生了重大变化。1987年波斯湾海战已经显示路径变化的迹象，1991年海湾战争代表着路径转变的完成。从"中东政治复杂"角度看，在两伊战争中几乎所有阿拉伯国家、以色列都支持伊拉克，伊朗在国际社会和中东地区都非常孤立，至少在两伊战争这件事情上中东政治并不复杂，支持伊拉克不会对美国有太大的负面影响。同样，在海湾战争中，世界上所有的大国都谴责伊拉克，中东绝大多数国家都反对伊拉克，显然在这件事上中东政治也不复杂。从"国家利益"角度看，美国此前在中东军事问题上比较谨慎，主要原因是不想激化同苏联的矛盾，因为在多数问题上中东都划分为亲美和亲苏两个阵营。恰恰在两伊战争问题上，这两个阵营不存在，当时的伊朗既不亲美也不亲苏。因此，孤立伊朗，甚至同伊朗开战，不会引起美苏矛盾升级。在海湾战争期间，正值苏联处在崩溃前夕，苏联已经无力在中东同美国竞争，实际上在整个过程中苏联都是站在美国一边的。由此可见，正是1980—1991年期间，在两伊战争和海湾战争问题上，"国家利益"和"中东政治复杂"两个重大的外部变量发生实质性变化，才让美国放开手脚，改变了实行了40多年的离岸平衡政策，完成了路径的改变。

三、决策失误论的解释力

从上述分析可以看出，当重大的"石油利益"和"中东地区环境"出现变化时，美国中东军事战略的路径会发生改变。当1990年冷战结束时，全球战略格局发生变化，苏联的威胁消除，伊拉克入侵科威特对石油安全形成重大威胁，这两件事改变了第二次世界大战以来形成的路径，美国出动大量地面部队，直接参与了中东战争。2003年美国入侵伊拉克普遍被认为是决策失误，同时也是对1991年以来形成的大规模军事干预中东事务的路径依赖。其实，决策失误与路径依赖的解释不是互相矛盾的，而是相互补充的。美国决策者没有根据国家利益形成决策，而是根据旧的路径形成决策，本身就是一种决策失误。

2003年的伊拉克战争深受原有路径的影响，大规模军事干预的路径影响了小布什政府的决策，这个决策现在被绝大多数人认为是决策失误。在这个时期，"中东政治复杂"的变量没有大的变化，但是"国家利益"这个变量发生变化，强化了原有的路径。2001年小布什上台时，美国经济经过近20年的长期增长，经济形势一片大好；国际上，苏联解体后，俄罗斯实力衰落。当时，美国所处的环境被称为历史上最佳的时期，被冠以"美国的单极时刻"，没有国家愿意和能够制衡美国。这种一家独大的局面，让美国有了采取军事行动的胆量。同时，因为"9·11"事件的发生，美国国家利益受到严重损害。根据小布什政府的逻辑，恐怖主义产生于中东的独裁政治土壤中，因此要想彻底根除恐怖主义就必须改变中东国家的政治生态。美国被中东恐怖主义攻击，让美国有了采取军事行动的动力。在这样的环境下，路径依赖在决策过程中发挥了重大影响。旧的路径得以加强的前提是，尽管2003年美国在中东的战略任务同1991年海湾战争时期不同，但是当年形成路径的变量不仅没有变化，反而加强了，因此决策没有根据变化了的战略目标采取新的路径，反而是沿着旧的路径往前走。

2011年"阿拉伯之春"运动以来，不论是在"伊斯兰国"问题上还是在"也门战争"问题上，美国在中东地区的军事战略路径明显改变了。美国再也不在中东从事大规模军事干预了，在打击"伊斯兰国"时美国只发动空袭，明确表示不出动地面部队，军事行动的规模小、程度有限。在"也门战争"中，美国先是完全把军事人员撤出也门，后来只对沙特采取的军事行动给予后勤支持。这一时期，美国在中东的石油利益有所改变，但是改变方向不清晰。中东政治形势的复杂性没有大的变化，只能说政治形势更加复杂了。变化最大的因素是终结于2011年的伊拉克战争，伊拉克战争是越南战争以来美国军事行动中最大的教训，这个教训改变了美国中东军事战略的路径。

表面上看，美国不断在中东发动战争，是为了维护中东地区的稳定，为了保障中东石油流向国际市场，是在提供国际公共产品。经过美国的干预，中东石油确实稳定地流向了国际市场，中东产油国的安全也得到了基本保障。事实却是，美国的军事卷入加深了地区国家之间的矛盾，激化了当地政府与人民之间的敌意，中东和平的基础正在丧失。美国每次加大军事干预力度，都是战术上的胜利，战略上的失败。

第二节　理论价值

路径依赖在解释美国中东军事战略的演变过程时，具有较强的解释力，与"国家利益论""中东形势复杂论"和"决策失误论"共同形成了比较全面、有说服力的解释。但是，这只能证明路径依赖理论在"美国中东军事战略"这一个案例上的适用性，检验路径依赖更普遍的理论意义仍然需要验证更多的案例。

国际关系理论的核心是确定影响国际关系的关键变量，寻找这些变量之间的因果关系。简单地说，是什么因素导致国际关系的变化，这些因素是如何导致国际关系变化的。路径依赖理论的优势在于它既是一种理论，也是一种研究方法。从理论角度看，它的自变量是先前形成的思维、政策，因变量是当前和未来的政策，因果机制是先前的路径会对当前和未来的政策形成非理性的影响，改变理性决策的模式。从方法论的角度看，路径依赖理论所强调的路径是一个中间变量，路径的形成和改变都是其他变量影响的结果，因此要研究路径必须研究国际关系理论所强调的其他变量。由此可见，路径依赖理论实际上也是研究国际关系理论所重视的变量的一种途径和方法。

路径依赖是指技术、经济、社会等系统一旦进入某个路径，就会在惯性的作用下不断自我强化，并且锁定在这一特定路径上。路径依赖既是一种状态，又是一种过程，早期的偶然事件对路径的发展轨迹会产生影响。美国斯坦福大学国际政治学教授斯蒂芬兹1976年在其经典文章《国家权力和国际贸易结构》中，通过对1820—1973年国际贸易结构的分析，简述了在国际贸易政策中路径依赖形成和改变的机制。路径的最初形成，是由国家的利益决定的。路径一旦形成，就会产生相应的利益集团、思维模式和制度。一般而言，当国家利益已经发生变化，旧有的路径不再适应国家利益的需要时，国家还会继续依赖旧有的路径，不会及时做出调整。最终，只有重大危机出现时，才会产生新的路径。例如，1880年后美国已经在技术、经济水平上达到全球最高水平，理论上美国应当支持自由贸易，而放弃贸易保护主义，但是只有在1929年经济危机的推动下，美国才开始推动全球贸易自由化①。斯蒂芬兹的研究表明，国家利益变化是出现新路径的前提条件，或者是必要条件，却不是充分条件。路径依赖的逻辑就是国家政策并非与国家利益的调整同步，而往往是滞后，甚至是严重滞后。国家利益出现变化后，既有国家内部既得利益集团的阻碍，又有国家各部门之间的习惯思维妨碍，就会出现小车继续倒推的情况。只有出现重大危机，让旧的路径没有办法继续，让车撞到南墙上，才能改变路径。第二次世界大战结束以来美国中东军事战略的发展演变过程表明，路径依赖对美国军事战略的延续和调整具有非常强的解释力，国家利益、重大危机是决定路径的关键因素。

斯蒂芬兹应用国际贸易结构变化的案例说明，路径形成之后就会出现相应的利益集团，这些利益集团会阻碍适时地调整路径，以此保护自己的传统利益。由此可见，斯蒂芬兹引入利益集团作为中间变量，建立了路径依赖与政策变化之间的因果机制。这种因果机制的解释，在国际政治经济问题上适用范围比较广泛，因为利益集团在解释经济利益时往往有较强的说服力。但是，在涉及国家之间的政治关系时，利益集团的解释能力明显不足。在分析美国的中东军事战略时，几乎没有学者或学术研究成果采取利益集团的角度，一个很重要的原因是美国对中东的军事战略是一个国家安全问题。在国家安全问题上，美国国内的利益集团当然也有影响力，但是同在经济问题上的影响力相比要小得多。尽管近年来美国学术界研究犹太利益集团对美国中东战略决策影响的成果非常多，突出强调犹太人在美国外交决策中的重要影响，但是多数研究者不认为犹太人能够主导美国的中东政策。奥巴马上任以来美国中东政策的演变也显示，犹太人对美国中东

---

① Steven Krasner, "State Power and the Structure of International Trade", *World Politics*, Vol. 28, No. 3, 1976, pp. 317–347.

第五章 路径依赖理论的价值

政策的影响有限。在伊朗核协议、埃及政变等重大问题上，美国的政策都不符合以色列的利益，美国国内的犹太利益集团也进行了声势浩大的游说，并没有改变奥巴马的政策。

从上述美国中东军事战略的演变可以看出，同美国在国内政治、其他对外战略相比，中东军事战略对路径的依赖更大、更明显。如果不是利益集团阻碍路径的变化，那就只能是"国家利益论"和"中东形势复杂论"所强调的美国利益和中东形势复杂性。对这两个变量的进一步筛选会发现，利益是一个更基础性的变量，在美国对其他地区的关系中也一直存在，只有中东政治是一个独特的变量。仔细回顾每一次决策的过程会发现，正是因为中东政治复杂，路径的依赖才更大。因为形势复杂，改变路径的成本就大，依靠旧路径的风险就小。因此，"美国中东军事战略"这个案例给路径依赖理论提供的新贡献是，决策者面对的形势越复杂，对路径的依赖就越大、越明显，改变路径就越难。这个因果机制也回答了本文在研究设计时提出的问题：有的时候，美国知错不改，越陷越深；有的时候，美国知错即改，大幅调整军事战略。由于中东政治的复杂性，美国中东军事战略更倾向于知错不改；在"国家利益""中东形势""路径依赖成本"等变量出现实质性变化时，美国才会知错即改，大幅调整军事战略。当然，国际政治中决策者面临的复杂局面非常多，这个因果机制能否适用到其他案例中，尚有待学术界人士进一步验证更多的案例，以精化、细化这个理论机制，丰富路径依赖理论的内涵，扩展路径依赖理论在国际政治研究中的适用范围。

参考文献

一、中文著作

1. 安维华、钱雪梅：《美国与"大中东"》，北京：世界知识出版社，2006年版。

2. 陈建民：《当代中东》，北京：北京大学出版社，2002年版。

3. 邓红英：《困境与出路：中东地区安全问题研究》，湖北：湖北人民出版社，2011年版。

4. 高祖贵：《冷战后美国的中东政策》，北京：中共中央党校出版社，2001年版。

5. 高祖贵：《美国与伊斯兰世界》，北京：时事出版社，2005年版。

6. 樊吉社、张帆：《美国军事——冷战后的战略调整》，北京：社会科学文献出版社，2011年版。

7. 黄鸿钊：《中东简史》，台北：书林出版有限公司，1996年版。

8. 霍晓敏：《冷战后的美国军事战略——论当代美军战略转型》，西安：陕西师范大学出版社，2005年版。

9. 军事科学院军事战略研究部：《战略学》，北京：军事科学出版社，2013年版。

10. 军事科学院世界军事研究部：《美国军事基本情况》，北京：军事科学出版社，2004 年版。

11. 军事科学院世界军事研究部：《战后世界局部战争史》，北京：军事科学出版社，2008 年版。

12. 李植谷：《美国军事战略概论》，北京：国防大学出版社，1989 年版。

13. 美国陆军军事学院：《军事战略》，北京：军事科学出版社，1986 年版。

14. 齐云平：《博弈大中东》，北京：社会科学文献出版社，2015 年版。

15. 秦亚青：《霸权体系与国际冲突——美国在国际武装冲突中的支持行为（1945—1988）》，上海：上海人民出版社，2008 年版。

16. 唐宝才：《伊拉克战争后动荡的中东》，北京：当代世界出版社，2007 年版。

17. 王荣：《〈美国国家安全战略报告〉研究》，北京：时事出版社，2014 年版。

18. 汪波：《美国中东战略下的伊拉克战争与重建》，北京：时事出版社，2007 年版。

19. 余国庆：《大国中东战略的比较研究》，北京：中国社会科学出版社，2013 年版。

20. 张世平：《将军视点：美国战略透析》，北京：军事科学出版社，2012 年版。

21. 张士智：《美国中东关系史》，北京：中国社会出版社，1993 年版。

22. 中国社会科学院世界经济与政治研究所：《能源问题与国际安全》，北京：时事出版社，2009 年版。

23. 赵伟明：《中东问题与美国中东政策》，北京：时事出版社，2006 年版。

24. 赵学功：《当代美国外交》，北京：社会科学文献出版社，2001年版。

25. 资中筠：《战后美国外交史——从杜鲁门到里根》上册，北京：世界知识出版社，1994年版。

26. 朱威烈：《中东反恐怖主义研究》，北京：时事出版社，2010年版。

二、中文译著

1. ［法］薄富尔著，钮先钟译：《战略绪论》，内蒙：内蒙古文化出版社，1997年版。

2. ［英］查尔斯·利斯特著，姜奕晖译：《"伊斯兰国"简论》，北京：中信出版集团，2016年版。

3. ［美］丹尼尔·耶金著，艾平译：《石油大博弈：追逐石油、金钱与权力的斗争》，北京：中信出版社，2008年版。

4. ［美］傅立民著，周琪、杨悦译：《美国在中东的厄运》，北京：社会科学文献出版社，2013年版。

5. ［美］汉斯·摩根索著，徐昕等译：《国家间政治——寻求权力与和平的斗争》，北京：中国人民公安大学出版社，1990年版。

6. ［美］罗伯特·阿特著，郭树勇译：《美国大战略》，北京：北京大学出版社，2005年版。

7. ［美］罗伯特·盖茨著，陈逾前、迩东晨、王正林译：《责任——美国前国防部长罗伯特·盖茨回忆录》，广州：广东人民出版社，2016年版。

8. ［美］斯蒂芬·沃尔特著，郭盛、王颖译：《驯服美国权力：对美国首要地位的全球回应》，上海：上海世纪出版集团，2008年版。

9. [美] 威廉·奥尔森著, 孙艳译:《国际关系的理论与实践》, 北京: 中国社会科学出版社, 1987年版。

10. [美] 亚历山大·温特著, 秦亚青译:《国际政治的社会理论》, 上海: 上海人民出版社, 2000年版。

11. [美] 约翰·霍兰著, 周晓牧等译:《隐秩序: 适应性造就复杂性》, 上海: 科技教育出版社, 2000年版。

三、外文原著

1. Alexander Cooley, *Base Politics: Democratic Change and the U. S. Military Overseas*, Ithaca: Cornell University Press, 2008.

2. Alexander Wendt, *Social Theory of International Politics*, New York: Cambridge University Press, 1999.

3. Andrew J. Macevichi, *America's War for the Greater Middle East: A Military History*, New York: Random House, 2016.

4. Anthony H. Cordesman, *U. S. Forces in the Middle East: Resources and Capabilities*, Westview Press, 1997.

5. Anthony H. Cordesman, *Securing the Gulf: Key Threats and Options for Enhanced Cooperation*, Washington D. C. : Center for Strategic and International Studies, 2013.

6. Benjamin L. Ederington and Michael J. Mazarr, *Turning point: the Gulf War and U. S. Military Strategy*, Boulder, CO: Westview Press, 1994.

7. Caspar Weinberger, *Fighting for Peace: 7 Critical Years in the Pentagon*, New York: Grand Central Publishing, 1991.

8. CoilnPowell, Joseph Stiglitz, Zoe Persico, *My American Journey*, New York: Random House, 2003.

9. Crawford G. Gordon, *Foreign aid and Political Reform a Com-*

parative Analysis of Democracy Assistance and Political Conditionality, Palgrave Publishers Ltd, 2001.

10. Dana H. Allin and Steven N. Simon, *Our Separate Ways: The Structure for the Future of the U. S. - Israel Alliance*, New York: Public Affairs, 2016.

11. Daniel M. Gerstein, *Securing America's Future: National Strategy in the Information Age*, Westpoint: Praeger International, 2005.

12. Daniel Yergin, *The Prize: The Epic Quest for Oil, Money, and Power*, New York: Simon & Schuster, 2008.

13. David Sanger, *Confront and Conceal: Obama's Secret Wars and the Surprising Use of American Power*, New York: Crown Publishers, 2012.

14. David Crist, *The Twilight War: The Secret History of America's Thirty-Year Conflict with Iran*, New York: The Penguin Press, 2013.

15. Dick Cheney, *In My Time : A Personal and Political Memoir*, New York: Simon and Schuster, 2011.

16. Douglas J. Feith, *War and Decision: Inside the Pentagon at the Dawn of the War on Terrorism*, New York: Harper Collins Publishers, 2008.

17. Douglas Little, *American Orientalism: The United States and the Middle East since 1945*, North Carolina: The University of North Carolina Press, 2008.

18. Eldredge, Niles, and Stephen Jay Gould, "Punctuated Equilibria: An Alternative to Phyletic Gradualism", in*Models in Paleobiology*, edited by T. J. M. Schopf, San Frnsico: Cooper and Co, 1972.

19. Elizabeth Drew, *Portrait of an Election: The 1980 Presiden-*

tial Campaign, New York: Simon and Schuster, 1981.

20. Emma Sky, *The Unraveling: High Hopes and Missed Opportunities in Iraq*, New York: Public Affairs, 2015.

21. Eugene Rogan, *The Fall of the Ottomans: The Great War in the Middle East*, New York: Basic, 2015.

22. Friedrich, Otto (ed), *Desert Storm: The War in the Persian Gulf*, New York: Time Warner, 1991.

23. Geoffrey S. Corn, Rachel E. VanLandingham, Shane R. Reeves, *U.S. Military Operations: Law, Policy, and Practice*, New York: Oxford University Press, 2016.

24. George Bush and Brent Scowcroft, *A World Transformed*, New York: Vintage Books, 1998.

25. Glenn P. Hastedt, *Encyclopedia of American Foreign Policy*, New York: Facts on File, Inc, 2004.

26. Gregory F. Gause, *The International Relations of the Persian Gulf*, New York: Cambridge University Press, 2010.

27. Harold Lee Wise, *Inside the Danger Zone: The U.S. Military in the Persian Gulf, 1987 – 1988*, Annapolis: Naval Institute Press, 2007.

28. Herbert S. Parmet, *George Bush: The Life of a Lone Star Yankee*, New Brunswick: Transaction Publishers, 2001.

29. Jeffrey D. Colgan, *Petro-Aggression: When Oil Causes War*, New York: Cambridge University Press, 2013.

30. James A. Baker, *The Politics of Diplomacy*, New York: G. P. Putnam's Sons, 1995.

31. Joel S. Migdal, *Shifting Sands: The United States in the Middle East*, New York: Columbia University Press, 2013.

32. Jon B. Alterman, *Federated Defense in the Middle East*, CSIS/

Rowman & Littlefield, 2015.

33. John Gerring, *Case Study Research: Principles and Practices*, New York: Cambridge University Press, 2007.

34. Joost R. Hiltermann, *A Poisonous Affair: America, Iraq, and the Gassing of Halabja*, New York: Cambridge University Press, 2007.

35. Joshua Muravchik, *The Imperative of American Leadership A Challenge to Neo-Isolationism*, Washington D. C. : AEI Press, 1996.

36. Kenneth M. Pollack, *Unthinkable: Iran, the Bomb and American Strategy*, New York: Simon & Schuster, 2013.

37. Kenneth N. Waltz, *Theory of International Politics*, New York: Random House, 1979.

38. Kylie Baxter and Shahram Akbarzadeh, *U. S. Foreign Policy in the Middle East: The Roots of Anti-Americanism*, London and New York: Routledge, 2008.

39. Lawrence Freedman and Efraim Karsh, *Gulf Conflict, 1990 – 1991: Diplomacy and War in the New World Order*, New Jersey: Princeton University Press, 1993.

40. Leonardo Maugeri, *The Age of Oil: The Mythology, History, and Future of the World's Most Controversial Resource*, Westport: Greenwood Publishing Group, 2006.

41. Levi, Margaret, "A Model, a Method, and a Map: Rational Choice in Comparative and Historical Analysis", *In Comparative Politics: Rationality, Culture, and Structure*, ed. Mark I. Lichbach and Alan S. Zuckerman, Cambridge University Press, 1997.

42. Lloyd C. Gardner, *Three Kings: The Rise of an American Empire in the Middle East after World War II*, New York: The New Press, 2009.

43. Lou Cannon, *President Reagan: The Role of a Lifetime*, New York: Simon and Schuster, 1991.

44. Martin S. Indyk, Kenneth G. Lieberthal, Michael E. O'Hanlon, *Bending History: Barack Obama's Foreign Policy*, Washington D. C. : Brookings Institution Press, 2012.

45. Micah L. Sifry and Christopher Cerf (eds), *The Gulf War Reader: History, Documents, Opinions*, New York: Random House, 1991.

46. Michael B. Oren, *Ally: My Journey across the American-Israeli Divide*, New York: Random House, 2015.

47. Moshe Gat, *Britain and the Conflict in the Middle East, 1964 – 1967: The Coming of the Six-Day War*, Westport: Greenwood Publishing Group, 2003.

48. Noam Chomsky and Edward S. Herman, *The Washington Connection and Third World Fascism: The Political Economy of Human Rights*, Vol. 1, New York: South End Press, 1979.

49. Norman Schwarzkopf, *It Doesn't Take a Hero: The Autobiography of General H. Norman Schwarzkopf*, New York: Bantam Books, 1992.

50. Richard M. Swain, *Lucky War: Third Army in Desert Storm*, Kansas: U. S. Army Command and General Staff College Press, 2011.

51. Robert C. McFarlane and Zofia Smardz, *Special Trust*, New York: Cadell and Davies, 1994.

52. Robert Coulam and Richard Smith, *Advances in Information Processing in Organizations*, Greenwich: JAI Press, 1985.

53. Robert Keohane, *International Institutions and State Power: Essays in International Relations*, Westview Press, 1989.

54. Robert M. Gates, *Duty: Memoirs of a Secretary of War*, New

York: Random House, 2014.

55. Robert Vitalis, *America's Kingdom: Mythmaking on the Saudi Oil Frontier*, Redwood City: Stanford University Press, 2007.

56. Robert Timberg, *The Nightingale's Song*, New York: Simon and Schuster, 1995.

57. Roger Owen, *The Rise and Fall of Arab Presidents for Life*, MA: Harvard University Press, 2012.

58. Ronald Reagan, *The Reagan Diaries*, New York: Harper Collins, 2007.

59. Ronald Reagan, *An American Life*, New York: Simon and Schuster, 1990.

60. Sewell, W. H. "Three Temporalities: Toward an Eventful Sociology", *In The Historic Turn in the Human Sciences*, ed. Terrance J. McDonald, Ann Arbor: University of Michigan Press, 1996.

61. Seymour Maxwell Finger, *Inside the World of Diplomacy: The U. S. Foreign Service in a Changing World*, Westport: Greenwood Publishing Group, 2002

62. Steven A. Cook, *Ruling but not Governing: The Military and Political Development in Egypt, Algeria, and Turkey*, John Hopkins University Press, 2007.

63. Thomas A. Keaney and Eliot A. Cohen, *Revolution in Warfare?: Air Power in the Persian Gulf*, Annapolis: Naval Institute Press, 1993.

64. Thomas L. Friedman, *From Beirut to Jerusalem*, New York: Anchor Books, 1990.

65. Thomas Lippman, *Saudi Arabia on the Edge: The Uncertain Future of an American Ally*, Washington D. C. : Potomac, 2012.

66. Thomas Pierret, *Religion and State in Syria: The Sunni Ula-*

ma from Coup to Revolution, Cambridge University Press, Cambridge Middle East Studies, 2013.

67. William G. Pagonis, *Moving Mountains: Lessons in Military Leadership and Logistics*, Brighton: Harvard Business Press, 1992.

四、文献资料

1. 冯潇然:"美国防务承包再界定:动力、风险及未来",《美国问题研究》,2011 年第 2 期。

2. 李东海:"克林顿政府与北约东扩",《美国研究》,2001 年第 2 期。

3. 刘汉民:"路径依赖理论研究综述",《经济学动态》,2003 年第 6 期。

4. 卢陵:"美国'改造中东'的战略构想",《西亚非洲》,2003 年第 4 期。

5. 牛新春:"美国中东政策:开启空中干预时代",《西亚非洲》,2017 年第 1 期。

6. 秦亚青:"霸权体系与区域冲突:论美国在重大区域武装冲突中的支持行为",《美国研究》,1995 年第 4 期。

7. 孙德刚:"论新时期中国在中东的柔性军事存在",《世界经济与政治》,2014 年第 8 期。

8. 孙德刚:"美国在海湾地区军事部署的'珍珠链战略'",《阿拉伯世界研究》,2015 年第 7 期。

9. 汪舒明:"'保护的责任'与美国对外干预的新变化——以利比亚危机为个案",《国际展望》,2012 年第 6 期。

10. 杨龙:"路径依赖理论的政治学意义",《宁波党校学报》,2003 年第 1 期。

11. 翟崑、余凯茜:"'亚太—中东'联动对奥巴马政府战略重心东移的制约",《国际观察》,2015 年第 2 期。

12. 左希迎:"嵌入与冲突:美国军事制度改革的动力与机制",《世界经济与政治》,2014 年第 1 期。

13. Aaron Blake, "Kerry: Military Action in Syria would be Unbelievably Small", *The Washington Post*, September 9, 2013.

14. Andrea Shalal and Matt Spetalnick, "Obama Expected to Push for Gulf Missile Defense at U. S. Summit", *Daily Star*, May 6, 2015.

15. Andrew W. Terrill, "Iran's Strategy for Saving Asad", *Middle East Journal*, Vol. 69, No. 2, Spring 2015.

16. Anthony H. Cordesman, "The Arab – U. S. Strategic Partnership in the Gulf", *CSIS Report*, May 7, 2015.

17. Arthur, W. B., "Competing Technologies, Increasing Returns and Lock-in by Historical Events", *The Economic Journal*, Vol. 99, 1989.

18. Awad Mustafa, "Saudi Arabia's Aid to Lebanon Presents Challenge for Iran", *Defense News*, January 6, 2014.

19. Carol J. Williams, "U. S. – Saudi Rift papered over by Kerry Visit", *Los Angeles Times*, November 4, 2014.

20. Charles L. Glaser, "How Oil Influences U. S. National Security", *International Security*, Vol. 38, No. 2, 2013.

21. Douglas Borer, "Inverse Engagement: Lessons from U. S. Iraq Relations, 1982 – 1990", *Parameters*, Summer 2003.

22. Douglas Jehl, "Who Armed Iraq? Answers the West Didn't Want to Hear", *The New York Times*, July 18, 1993.

23. Greg Jaffe, "In one of Final Addresses to Army, Gates Describes Vision for Military's Future", *The Washington Post*, February 25, 2011.

24. Greg Miller, "Fighters are still flocking to Syria", *The Wash-

ington Post, October 31, 2014.

25. Greg Miller, "Al-Qaeda leader was not target of strike", *The Washington Post*, June 18, 2015.

26. Frank Gesemann, "Schwarzes Gold: Der Konflikt um die Erdolreserven", *Der Uberblick*, Heft 4, 1990.

27. John Daniszewski and Geoffrey Mohan, "Looters Bring Baghdad New Havoc", *Los Angeles Times*, April 11, 2003.

28. John Mc. Laughlin, "How the Islamic State Could Win", *The Washington Post*, May 28, 2015.

29. Joseph S. Nye Jr., "U.S. Power and Strategy After Iraq", *Foreign Affairs*, July/August 2003.

30. Joshua R. Itzkowitz Shifrinson and Miranda Priebe, "A Crude Threat: The Limits of an Iranian Missile Campaign against Saudi Arabian Oil", *International Security*, Vol. 36, No. 1, Summer 2011.

31. Leila Fadel and Anthony Faiola, "Brutal setbacks for Libya rebels", *The Washington Post*, March 5, 2011.

32. Marcello De Cecco, "International Financial Markets and U.S. Domestic Policy since 1945", *International Affairs*, Vol. 52, No. 1, London, January 1976.

33. Mark J. Gasiorowski, "The 1953 Coup d'Etat in Iran", *The International Journal of Middle East Studies*, Vol. 19, Issue 3, August 1987.

34. Michael C. Jensen, "Retired Generals Employed by Northrop in Various Jobs", *The New York Times*, June 26, 1975.

35. Michael Renner, "Stabilizing the World Oil Market", *OPEC Review*, Vol. 12, Issue 1, March 1988.

36. Michael R. Gordon and Eric Schmitt, "Tensions Flare Between Allies in U.S. Coalition", *The New York Times*, April 16, 2015.

37. Michael R. Gordon and Thomas Erdbrink, "Yemen Crisis Looms as Kerry Meets with Iranian Counterpart on Nuclear Accord", *The New York Times*, April 28, 2015.

38. Paul A. David, Clio and the economics of QWERTY, *American Economic Review*, 1985, 75 (2).

39. Paul McLeay, "US, Iranian Drones Crowd Iraqi Air Space", *Defense News*, July 28, 2014.

40. Rajiv Chandrasekaran, "Syrian Fighters to Fill only a Defensive Role", *The Washington Post*, October 23, 2014.

41. Richard H. Ullman, "Redefining Security", *International Security*, Vol. 8, No. 1, 1983.

42. Richard J. Levine, "Oil States' Demand Keeps U. S. Arms Sales at Record Pace as Congress Grows Critical", *The Wall Street Jonmal*, February 18, 1975.

43. Richard D. Lyons, "U. S. Arms-Sale Rise Stirs Capital Concern", *The New York Times*, October 19, 1975.

44. Robert F. Worth, "Blast at Shiite Shrine Sets off Sectarian Fury in Iraq", *TheNew York Times*, February 23, 2006.

45. Roger J. Stern, "United States Cost of Military Force Projection in the Persian Gulf, 1976 – 2007", *Energy Policy*, January 7, 2010.

46. Ronald O'Rourke, "The Tanker War", *Proceedings*, Vol. 114, Issue 5, May 1988.

47. Stephen Peter Rosen, "The National Security Generation Gap: Young Americans have Become Skeptical about the Use of U. S. Power Abroad", *The Wall Street Journal*, March 30, 2014.

48. Steven Krasner, "State Power and the Structure of International Trade", *World Politics*, Vol. 28, No. 3, 1976.

49. Sheila Carapico and Chris Toensing, "The Strategic Logic of the Iraq Blunder", *Middle East Report*, No. 239, Summer 2006.

50. Toby Craig Jones, "America, Oil, and War in the Middle East", *The Journal of American History*, Oxford University Press, Vol. 99, Issue 1, June 2012.

51. Thomas L. Freidman, "Beirut Death Toll at 161 Americans", *The New York Times*, October 24, 1983.

52. Thomas C. Hayes, "Confrontation in the Gulf", *The New York Times*, September 23, 1990.

后 记

本书集中了我对美国中东军事战略这一问题的思考。时光荏苒，岁月如梭，回眸过往，点点滴滴，历历在目，有不得其解的迷茫，有抓耳挠腮的惆怅，也有拨云见日的开朗，但更多的是老师、同学、家人、朋友的鼓励和支持。

首先感谢我的导师李绍先研究员，感谢您将我纳入师门，您严谨细致的治学之风、宽容谦和的处事方式、积极豁达的生活态度，是我一辈子学习的典范。从本书的选题到每一章每一节的安排再到每一事例的具体细节，几乎每个环节都倾注了您大量的精力和心血，您对我的谆谆教诲将成为我这一生受之不尽的宝贵财富。

同时，我要郑重地感谢中国现代国际关系研究院原院长陆忠伟研究员、中国社会科学院亚太与全球战略研究院王灵桂研究员、中国现代国际关系研究院李伟研究员、中国现代国际关系研究院牛新春研究员、北京语言大学国别和区域研究院温冰教授，感谢各位老师专业的指点和悉心的指导，你们的意见开阔了我的思路，深化了我的认识，希望最终成果不负期许。各位老师的帮助让我受益匪浅，我要以最诚挚的心意感谢你们的支持。我也深深地感谢社会科学文献出版社的王晓丽博士后和中国社会科学院西亚非洲研究所中东研究室的魏亮助理研究员，在我彷徨的时候，为我指明了前进的道路。感谢我的父亲母亲，你们无私的爱和殷切的期望始终是我前进的动力。

后 记

  由于本书内容覆盖面广、时间跨度大、可参阅资料有限、个人知识结构局限，本书中还存在许多不足，有待于在今后的研究中逐步完善。对于本书中存在的问题，还请读者原谅和指正。